五年制高等职业教育新标准精品教材

互联网+职教改革新形态教材

基础数学练习册（第 4 册）

（第 2 版）

主审　刘西瑞

主编　成雪雯　史亚欣　刘树深

教·学资源

航空工业出版社

北京

内 容 提 要

本书是与《基础数学（第4册）（第2版）》配套的练习册，共包括5章，内容分别为立体几何、复数、排列组合、随机变量及其分布、统计．

本书立足于五年制高等职业院校数学教学实际，在突出基础性的同时加强了层次性，形式灵活，结构合理，可供各类五年制高等职业院校的学生和教师使用．

图书在版编目（CIP）数据

基础数学练习册. 第4册 / 成雪雯，史亚欣，刘树深主编． -- 2版． -- 北京：航空工业出版社，2023.2
ISBN 978-7-5165-3268-3

Ⅰ．①基… Ⅱ．①成…②史…③刘… Ⅲ．①数学课－中等专业学校－教学参考资料 Ⅳ．①G634.605

中国国家版本馆CIP数据核字(2023)第023411号

基础数学练习册（第4册）（第2版）

Jichu Shuxue Lianxice（Di-si Ce）（Di-er Ban）

航空工业出版社出版发行

（北京市朝阳区京顺路5号曙光大厦C座四层　100028）
发行部电话：010-85672663　010-85672683

北京京华铭诚工贸有限公司印刷	全国各地新华书店经销
2023年2月第1版	2023年2月第1次印刷
开本：880×1230　1/16	字数：281千字
印张：9.5	定价：29.80元

　　本书是与《基础数学（第 4 册）(第 2 版)》配套的练习册. 通过本书的同步学习，学生可以加深对教材内容的理解，厘清知识脉络，掌握常用的数学思维方法，提高运用数学知识来分析和解决问题的能力. 这有助于学生获得更综合的职业能力. 编者总结了市面上同类练习册的优缺点，取长补短，积极创新，同时结合领域内多位专家、学者的建议，编写了本书. 本书主要有以下几方面的特色.

1. 素质教育，立德树人.

　　为了贯彻党的二十大精神，本书秉承能力教育与素质教育同向同行的理念，在每节的最后设置了"点亮智慧"模块，具体内容包括我国的历史文化、科技创新概况等. 这些内容旨在帮助学生掌握数学知识的同时，提升思想境界，培养文化自信. 例如，第 16 章 16.3.2 的"点亮智慧"模块以我国南宋数学家杨辉给出的杨辉三角为背景资料，让学生在学习二项式定理知识的同时了解我国古代数学的瑰宝.

2. 校企合作，协同育人.

　　编者参考了多位一线教师的意见，并充分考虑了各类企业对相关人才专业素质的要求，将数学理论知识和实际工作有机结合起来，有助于提高学生的数学应用能力.

3. 全新理念，全新形态.

　　本书根据"理论够用，重在应用"的理念，按照教材的"章、节、目"顺序，以"目"为单位进行编写，这更有利于教师根据课时安排课后练习. 每目的具体内容包括"知识要点回顾""例题强化解析"和"重点实战演练"模块，整体结构清晰，内容丰富、有条理. 此外，在习题设置上，各部分由易到难、层层深入，能够满足不同层次学生的需求.

4. 导图清晰，便于总结.

　　本书在每章的开头，将知识体系以脉络清晰、结构完整的知识导图展示出来，以加强知识之间的联系，有利于学生进行类比、归纳和总结.

5. 要点回顾，加强记忆.

　　本书在每目的开头，简要概括本目的知识要点，并将知识要点设置成填空，让学生通过填空进行简单复习，从而加深记忆.

6. 强化解析，完善技巧.

　　由于教材中的例题题型有限，因此根据教学需要，本书在每目中对教材未涉及的重要题型进行了补充，以例题形式展现，并配有详细的解题过程；例题后的"名师点睛"对该例题的解题思路与技巧进行了总结与归纳，可帮助学生完善解题技巧，加深对知识点的理解.

7. 变式体验，方法点拨.

本书在每个例题之后，设置有"变式体验"，方便学生对例题题型进行及时的训练，真正做到让学生"学练结合"．另外，书中还设置有"方法提炼点拨"模块，对教材及例题中未涉及的解题技巧进行补充和归纳，让学生尽可能掌握更多的解题技巧和思路．

8. 能力闯关，查漏补缺.

本书在每章的最后，设置有针对本章全部内容的测验题"本章能力闯关"，帮助学生及时复习、查漏补缺．同时，系统的训练能让学生将本章的知识点串联起来，更清晰地认识到易混淆知识点的区别和联系．

9. 数字资源，平台辅助.

本书巧妙地将"互联网+"思想融入教材中，读者可登录文旌综合教育平台"文旌课堂"（www.wenjingketang.com）下载丰富的教学资源包．

此外，本书还提供了在线题库，支持"教学作业，一键发布"，教师只需要通过微信或"文旌课堂"App 扫描二维码，即可迅速选题、一键发布、智能批改，并查看学生的作业分析报告，提高教学效率、提升教学体验．学生可在线完成作业，巩固所学知识，提高学习效率．

本书由刘西瑞担任主审，成雪雯、史亚欣、刘树深担任主编。在编写本书的过程中，编者参考了大量的著作和文献，并得到了许多专家、学者的支持和帮助，在此向这些资料的作者及提供帮助的专家、学者表示衷心的感谢！

由于编者水平有限，书中存在的疏漏与不当之处，恳请广大读者批评指正，以便对本书进行修订和完善．

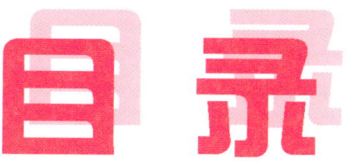

目录

第14章 立体几何 ... 1

14.1 平面 ... 2
- 14.1.1 平面的概念和表示 ... 2
- 14.1.2 平面的性质 ... 4

14.2 直线与直线的位置关系 ... 8
- 14.2.1 空间中直线与直线的位置关系 ... 8
- 14.2.2 异面直线所成的角 ... 10

14.3 直线与平面的位置关系 ... 14
- 14.3.1 空间中直线与平面的位置关系 ... 14
- 14.3.2 直线与平面所成的角 ... 18

14.4 平面与平面的位置关系 ... 21
- 14.4.1 空间中平面与平面的位置关系 ... 21
- 14.4.2 二面角及其平面角 ... 22
- 14.4.3 两平面平行的判定与性质定理 ... 24
- 14.4.4 两平面垂直的判定与性质定理 ... 26

本章能力闯关 ... 29

第15章 复数 ... 33

15.1 复数的概念和几何意义 ... 34
- 15.1.1 复数的概念 ... 34
- 15.1.2 复数的几何意义 ... 36

15.2 复数的运算 ... 39
- 15.2.1 复数的加法和减法 ... 39
- 15.2.2 复数的乘法 ... 41

15.3 实系数一元二次方程的解法 ... 44

本章能力闯关 ... 47

基础数学练习册（第4册）（第2版）

第16章　排列组合 · 51

16.1　计数原理 · 52
- 16.1.1　分类计数原理 · 52
- 16.1.2　分步计数原理 · 53
- 16.1.3　计数原理的应用 · 54

16.2　排列与组合 · 57
- 16.2.1　排列与排列数 · 57
- 16.2.2　组合与组合数 · 60
- 16.2.3　排列组合的应用 · 63

16.3　二项式定理 · 66
- 16.3.1　二项式定理的推导 · 66
- 16.3.2　二项式系数的性质 · 68

本章能力闯关 · 71

第17章　随机变量及其分布 · 75

17.1　离散型随机变量及其分布 · 76
- 17.1.1　离散型随机变量 · 76
- 17.1.2　离散型随机变量的分布列及其数字特征 · 78

17.2　二项分布 · 83
- 17.2.1　n 次独立重复试验 · 83
- 17.2.2　二项分布及其分布律 · 85

17.3　正态分布 · 89
- 17.3.1　正态分布与正态曲线 · 89
- 17.3.2　正态分布的应用 · 92

本章能力闯关 · 96

第18章　统计 · 101

18.1　集中趋势与离散程度 · 102
- 18.1.1　集中趋势 · 102
- 18.1.2　离散程度 · 106

18.2　一元线性回归 · 110

本章能力闯关 · 114

参考答案 · 119

参考文献 · 144

第 14 章　立体几何

知识导图

本章知识导图如图 14-1 所示.

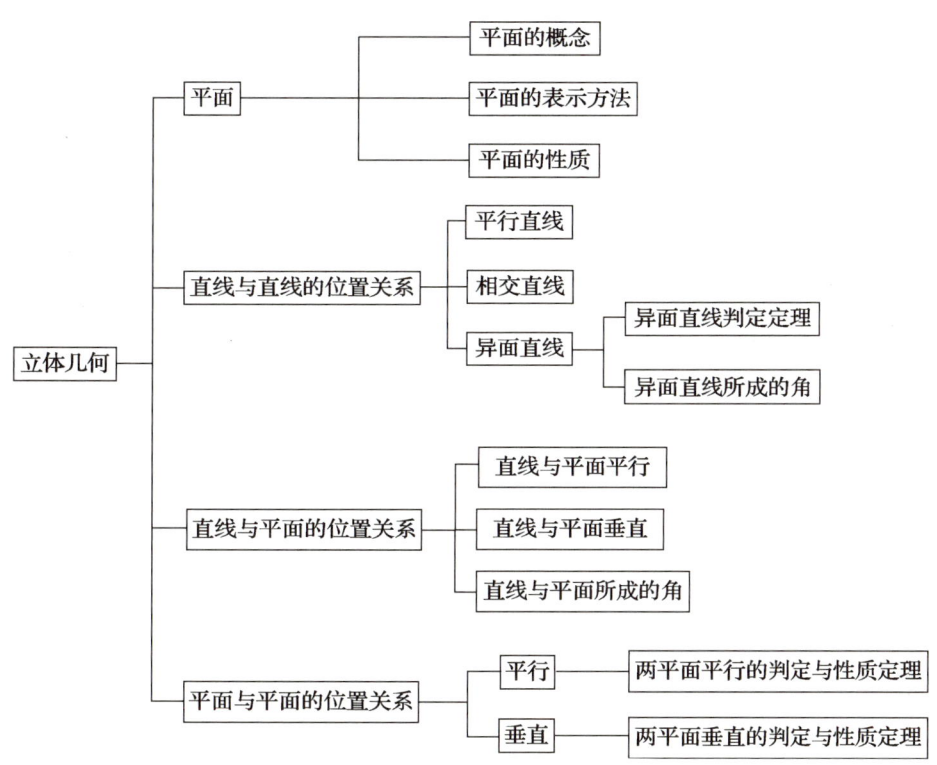

图 14-1

14.1 平 面

14.1.1 平面的概念和表示

知识要点回顾

1. 数学中一般用_____来表示平面．通常用_____、_____、_____等平面图形表示平面．平面具有_____、_____两个特征．

2. 平面可以用小写希腊字母_____，_____，_____等表示，也可以用多边形的_____表示．

例题强化解析

例 1 已知长方体 $ABCD-A_1B_1C_1D_1$（见图 14-2），下列符号语言表达有误的是（　　）．

图 14-2

A. $A \in AB$　　　B. $A \notin BC$　　　C. $A \in$ 平面 AC　　　D. $A \notin$ 平面 BD

解：平面 AC 与平面 BD 表示的是同一平面，A 为该平面内一点，因此，本题选 D．

【名师点睛】　掌握用符号语言来表示点与直线、平面位置关系的方法．

变式体验 1　点 A 在直线 l 上，且直线 l 在平面 α 内，用符号语言可表示为_____．

例 2　下列说法正确的是（　　）．

A. 可以用任意四边形表示平面　　　B. 一个平面的面积是 20 cm²

C. 可以用圆表示平面　　　D. 平面 α 的面积大于平面 β 的面积

解：选项 A 中，若四边形的 4 个顶点不在同一平面内，则该四边形为立体图形，故选项 A 错误；选项 B，D 中，因为平面有无限延展的特征，所以平面面积不能计量、比较，故选项 B，D 错误．因此，本题选 C．

【名师点睛】　掌握平面的两个特征，即平、无限延展．

变式体验 2　下列说法正确的是_____．

① 平面 α 的长为 3 m，宽为 2.5 m；

② 平面 α 是一个长方形；

③ 可以用平行四边形表示一个平面．

重点实战演练

A 组

1. 在长方体 $ABCD-A_1B_1C_1D_1$ 中，下列符号语言表达有误的是（   ）.

   A．$B\in$ 平面 AC
   B．$A\in$ 平面 AA_1D_1D
   C．$B\in$ 平面 B_1C
   D．$A\in$ 平面 A_1C_1

2. 下列说法正确的是（   ）.

   A．可以用对角线相交的四边形表示平面
   B．平面 α 可以是一个梯形
   C．平面 α 可以是一个平行四边形
   D．平面 α 的面积是 3 m^2

3. 下列说法错误的是（   ）.

   A．可以用三角形表示一个平面
   B．可以用梯形表示一个平面
   C．可以用平面 AC 表示平行四边形 $ABCD$ 所在的平面
   D．平面 α 的长为 5 m，宽为 2 m

4. 下列图形中不一定是平面图形的是（   ）.

   A．菱形
   B．梯形
   C．三角形
   D．四条线段首尾相连形成的图形

5. 点 A 在直线 m 上，但不在平面 α 内，用符号语言可表示为_____.

B 组

用符号语言表示下列语句，并绘制出相应图形.

（1）点 A 在平面 α 内，但不在平面 β 内，点 B 在平面 α 内，且在平面 β 内；

（2）点 A 在直线 m 上，且在平面 α 内，直线 m 不在平面 α 内.

14.1.2 平面的性质

知识要点回顾

1. **公理 1**：经过_____的三点，有且只有一个平面．
2. **公理 2**：如果一条直线上有_____个点在一个平面内，那么这条直线上所有点都在这个平面内．

   推论 1：经过一条直线和_____，有且只有一个平面．

   推论 2：经过两条_____直线，有且只有一个平面．

   推论 3：经过两条_____直线，有且只有一个平面．
3. **公理 3**：如果两个平面有一个_____，那么它们有且只有一条经过该点的公共直线．

例题强化解析

例 3 如图 14-3 所示，在长方体 $ABCD-A_1B_1C_1D_1$ 中，下列说法不正确的是（   ）．

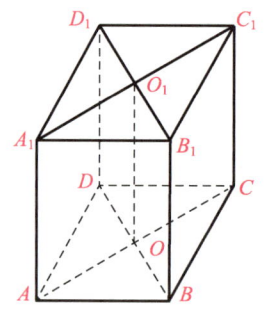

图 14-3

A. 直线 AC 和点 O_1 可以确定一个平面
B. 直线 A_1C_1 和点 O_1 可以确定一个平面
C. 直线 DD_1 和 OO_1 可以确定一个平面
D. 直线 BC 和 A_1D_1 可以确定一个平面

解：选项 A 中，直线 AC 与直线外一点 O_1，可确定一个平面，故选项 A 正确；选项 B 中，直线 A_1C_1 和点 O_1 在同一直线上，无法确定一个平面，故选项 B 错误；选项 C 中，$DD_1 \parallel OO_1$，可确定一个平面，故选项 C 正确；选项 D 中，$BC \parallel A_1D_1$，可确定一个平面，故 D 选项正确．因此，本题选 B．

【名师点睛】 掌握平面的性质及其应用．

变式体验 3 在长方体 $ABCD-A_1B_1C_1D_1$ 中，O，O_1 分别为长方体上、下底面对角线交点，下列说法正确的是（   ）．

A. 直线 AC 和 A_1C_1 可以确定一个平面
B. 直线 D_1O 和 DB 可以确定一个平面
C. 直线 D_1O_1 和 DB 可以确定一个平面
D. 直线 AA_1 和 B_1O 可以确定一个平面

例 4 过空间 4 个点可以作（   ）平面．

A. 1 个
B. 4 个
C. 无数个
D. 以上情况皆有可能

解：以 A，B，C，D 表示 4 个点．若 4 个点在同一直线上，则有无数个平面经过该直线；若点 C 不在直线 AB 上，且直线 CD 与 AB 平行或相交，则只有 1 个平面经过这 4 个点；若点 C 不在直线 AB 上，且点 D 不在平面 ABC 上，则可过 A，B，C，D 作 4 个平面．因此，本题选 D．

【名师点睛】 要判断平面数量，可以先判断点所在直线之间的位置关系，然后根据平面的性质判断．

变式体验4 一条直线和这条直线外不共线的 3 个点，能确定的平面有（　　）．

A．1个 　　　　　　　　　　B．3个

C．4个 　　　　　　　　　　D．以上情况皆有可能

例 5 在正方体 $ABCD-A_1B_1C_1D_1$ 中，P，Q，R 分别是 AB，AD，B_1C_1 的中点，那么正方体过 P，Q，R 的截面形状为（　　）．

A．三角形　　　B．四边形　　　C．五边形　　　D．六边形

解：如图 14-4 所示，取 BB_1，DD_1，C_1D_1 中点，分别为 E，F，M．由 P，Q，R 分别是 AB，AD，B_1C_1 的中点可知 $PQ\parallel EF\parallel MR\parallel BD$，故 EF，MR 均在正方体过 P，Q，R 的截面所在的平面上．由图 14-4 可知，截面形状为六边形．因此，本题选 D．

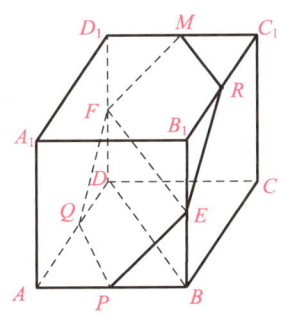

图 14-4

【名师点睛】 找几何体截面的关键是找出截面与几何体各棱的交线，此交线只需要两个公共点即可确定，作图时应充分利用几何体本身存在的平行条件，以便快速确定交线．

变式体验5 在正四面体 $A-BCD$ 中，E，F，M，N 分别是 AC，AD，BC，BD 的中点，那么四边形 $EFNM$ 的形状为（　　）．

A．正方形 　　　　　　　　　B．平行四边形

C．菱形 　　　　　　　　　　D．E，F，M，N 不在同一平面内

例 6 若点 A 既在直线 l 上，又在平面 α 内，且直线 l 与平面 α 相交，则点 A，直线 l 和平面 α 之间的关系可用符号语言表示为_____．

解：因为 $A\in l$，$A\in \alpha$，且 $l\cap \alpha$，所以点 A，直线 l 和平面 α 之间的关系为 $l\cap \alpha=A$．

【名师点睛】 掌握用符号语言来表示点、直线与平面之间关系的方法．

变式体验6 已知平面 α，β，$\alpha\cap\beta=l$，$A\in\alpha$ 且 $A\in l$，则点 A 和平面 β 的关系可用符号语言表示为_____．

方法提炼点拨

（1）公理 1 是判断一条直线是否在某个平面的依据．

（2）公理 2 及其推论是判断或证明点、线共面的依据．

（3）公理 3 是证明三线共点或三点共线的依据．

重点实战演练

A 组

1. 两个面重合的条件是（　　）．
   - A．有两个公共点
   - B．有无数个公共点
   - C．有不共线的 3 个公共点
   - D．有一条公共直线

2. 下列说法中，正确的是（　　）．
   - A．空间中任意三点确定一个平面
   - B．空间中任意两条直线确定一个平面
   - C．一个点和一条直线确定一个平面
   - D．相交的两条直线确定一个平面

3. 直线在平面外是指（　　）．
   - A．直线与平面不相交
   - B．直线与平面平行
   - C．直线与平面没有公共点
   - D．直线与平面平行或相交

4. 下列条件中可以确定一个平面的是（　　）．
   - A．相交于一点的两条直线
   - B．空间中两条不相交的直线
   - C．相交于一点的 3 条直线
   - D．空间中 3 个点

5. 下列说法中，不正确的是（　　）．
   - ① 圆心和圆上两点可以确定一个平面；
   - ② 空间中一条直线和一个点可以确定一个平面；
   - ③ 直线和直线外一点可以确定一个平面；
   - ④ 空间中两两相交的 3 条直线可以确定一个平面．
   - A．①
   - B．②③
   - C．①②④
   - D．①②③④

6. 两个平面相交时，将空间分为_____部分．

7. 试画出满足下列条件的图形．

（1）$\alpha \cap \beta = l$，$A \in l$，$B \in \beta$，$B \notin \alpha$；

（2）$\alpha \cap \beta = l$，$A \in l$，$B \in \beta$，$B \notin \alpha$，$C \in \alpha$，$C \notin \beta$，且 $AC \perp AB$．

B 组

1．相交于一点的 3 条直线，可以确定（　　）平面．
   A．1 个　　　　B．1 或 3 个　　　　C．3 个　　　　D．1 或 2 个

2．空间中不共线 4 点，最多可以确定（　　）平面．
   A．1 个　　　　B．2 个　　　　C．3 个　　　　D．4 个

3．已知平面 α，β，直线 l，m，若 $\alpha \cap \beta = l$，$m \in \beta$，$m \cap \alpha = A$，则（　　）．
   A．$A \notin \alpha$　　　　B．$A \in l$　　　　C．$l \nsubseteq \beta$　　　　D．$m \in \alpha$

4．空间不重合的三个平面可以把空间分成（　　）部分．
   A．4，6 或 7 个　　　　　　　　　　B．4，6，7 或 8 个
   C．4，7 或 8 个　　　　　　　　　　D．6，7 或 8 个

5．三条直线两两平行，可以确定_____个平面．

点亮智慧

3D 打印（three dimension printing）又称三维打印，是一种增材制造技术或快速成形技术．它综合了数控技术、激光技术、材料技术等多项高新技术，是一种先进制造技术．3D 打印原理：用计算机辅助设计（CAD）软件在电脑上设计一个完整的三维数据图，再把各种粉末状或其他形状的金属或非金属材料放进 3D 打印机中，调试打印平台，设定打印参数，然后 3D 打印机按照程序一层层把零部件或产品制造出来．从成形角度看，零部件或产品可视为"点""线""面"的叠加．3D 打印将从 CAD 三维数据图中离散得到"点""线""面"的几何信息，与成形工艺参数信息结合，控制材料有规律、精确地由点到线，由线到面，由面到体，堆积成形．

在 3D 打印的过程中，利用下列给出的条件可以确定一个平面的是（　　）．
① 平面上三个点与打印平台的相对位置；
② 平面上一条直线和不在该直线上的一点与打印平台的相对位置；
③ 平面上两条相交直线与打印平台的相对位置；
④ 平面上一个三角形三个顶点与打印平台的相对位置．
   A．①③　　　　B．②③　　　　C．②③④　　　　D．①②③④

14.2 直线与直线的位置关系

14.2.1 空间中直线与直线的位置关系

知识要点回顾

1. **共面直线**：把_____的两条直线称为共面直线.
2. 在空间中平行于同一条直线的所有直线都互相平行，这称为_____.
3. **相交直线**：同一平面内_____公共点的两条直线称为相交直线. 直线 a 和 b 相交于点 P，可简记作_____.
4. **异面直线**：把不同时在_____的两条直线称为异面直线.
5. **异面直线判定定理**：过平面_____一点和平面_____一点的直线，与平面内_____该点的直线是异面直线.

例题强化解析

例 7 空间中两条互相平行的直线是指（　　）.

A. 空间中没有公共点的两条直线
B. 分别在两个平面内的直线
C. 分别在两个不同平面内且没有公共点的直线
D. 在同一平面内且没有公共点的两条直线

解：选项 A 中，空间中没有公共点的两条直线若不在同一平面内，则有可能是异面直线，故选项 A 错误；选项 B 中，分别在两个平面内的直线有可能是异面直线，故选项 B 错误；选项 C 中，分别在两个不同平面内且没有公共点的直线也有可能是异面直线，故选项 C 错误. 因此，本题选 D.

【名师点睛】 掌握平行直线与异面直线的区别.

变式体验 7 一条直线与两条平行直线中的一条是异面直线，那么这条直线与另一条直线的位置关系是（　　）.

A. 平行　　　B. 相交或异面　　　C. 相交　　　D. 异面

例 8 如图 14-5 所示，在三棱锥 $P-ABC$ 中，E，F 分别为 AB，BC 的中点，M，N 分别为 PA，PC 的中点，下列说法错误的是（　　）.

A. 直线 MN 与 AC 平行
B. 直线 MN 与 EF 平行
C. 直线 PC 与 EF 相交
D. 直线 BC 与 EF 相交

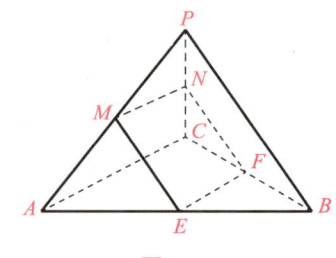

图 14-5

解： 因为 EF，MN 分别为 $\triangle ABC$ 与 $\triangle PAC$ 的中位线，所以 $MN \parallel AC \parallel EF$，选项 A，B 正确；因为 PC 与 EF 为异面直线，所以选项 C 错误；因为 $BC \cap EF = F$，所以选项 D 正确．因此，本题选 C．

【名师点睛】 掌握平面几何与立体几何的区别与联系．

变式体验8 在四棱锥 $P-ABCD$ 中，M，N 分别为 PA，PB 的中点，请找出与直线 MN 异面的所有直线．

方法提炼点拨

空间中两条直线要么在同一个平面内，要么不同在任何一个平面内．当空间中的两条直线在同一平面内时，这两条直线相交或平行；当空间中的两条直线不同在任何一个平面内时，这两条直线异面．

重点实战演练

A 组

1．"空间中既不相交也不平行的两条直线"是"空间中两条直线是异面直线"的（　　）．
   A．充要条件　　B．充分不必要条件
   C．必要不充分条件　　D．既不充分也不必要条件

2．如果直线 l 和 m 没有公共点，那么 l 与 m（　　）．
   A．平行　　B．共面
   C．异面　　D．平行或异面

3．若 $a \parallel \alpha$，则 a 平行于 α 内的（　　）．
   A．一条确定的直线　　B．任意一条直线
   C．所有直线　　D．无数条直线

4．在长方体 $ABCD-A_1B_1C_1D_1$ 中，下列不与直线 AA_1 异面的是（　　）．
   A．直线 BC　　B．直线 CD
   C．直线 CC_1　　D．直线 CD_1

5．在长方体 $ABCD-A_1B_1C_1D_1$ 中，写出两对平行直线：＿＿＿＿＿＿、＿＿＿＿＿＿．

6．在长方体 $ABCD-A_1B_1C_1D_1$ 中，写出两对异面直线：＿＿＿＿＿＿、＿＿＿＿＿＿．

B 组

1．在棱长为1的正方体 $ABCD-A_1B_1C_1D_1$ 中，A_1B 与 BC_1 所成的角为（　　）．
   A．30°　　B．45°
   C．60°　　D．90°

2．在长方体 $ABCD-A_1B_1C_1D_1$ 中，下列说法错误的是（　　）．
   A．直线 AB 与 CD 在同一平面内　　B．直线 BC 与 BD_1 在同一平面内
   C．直线 CD_1 与 A_1B 在同一平面内　　D．直线 AD 与 B_1C 在同一平面内

3. 在三棱锥 $P-ABC$ 中，M，N 分别为 PA，PB 的中点，E，F 分别为 AC，BC 的中点，下列说法错误的是（　　）.

　　A．四边形 $EFNM$ 是平行四边形　　　　B．直线 ME 与 BC 相交

　　C．直线 PC 与 EF 是异面直线　　　　D．直线 ME 与 NF 平行

4. 设直线 l 不在平面 α 内，则（　　）.

　　A．$l \parallel \alpha$　　　　　　　　　　　　B．l 和 α 至少有一个公共点

　　C．l 和 α 相交　　　　　　　　　　D．l 和 α 至多有一个公共点

5. 设直线 a 与 b 是异面直线，$a \parallel c$，则直线 b 与 c 的位置关系是_____．

6. 已知平面 α 内不共线的三点 A，B，C，$PC \cap \alpha = C$，求证：直线 AB 与 PC 是异面直线．

7. P 为 $\triangle ABC$ 所在平面外一点，E，F 分别为 PA，BC 的中点，求证：直线 EF 与 PC 是异面直线．

14.2.2　异面直线所成的角

知识要点回顾

1. **异面直线所成的角**：过空间任意一点引两条分别_____于异面直线的两条直线，它们所成的角就是异面直线所成的角，取值范围是_____．

2. **两条异面直线互相垂直**：当两条异面直线 a 与 b 所成的角为_____时，称这两条异面直线互相垂直，记作_____．

3. **两条异面直线的公垂线**：与两条异面直线_____的直线称为两条异面直线的公垂线．两条异面直线的公垂线_____．

4. **两条异面直线的公垂线段**：两条异面直线的公垂线_____的部分，称为两条异面直线的公垂线段，公垂线段的长度称为_____．

例题强化解析

例 9 如图14-6所示，在长方体 $ABCD-A_1B_1C_1D_1$ 中，上下底面为正方形，求 AC 与 B_1D_1 所成角的大小．

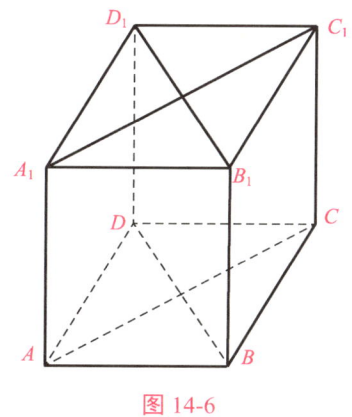

图 14-6

解：因为 $B_1D_1 \parallel BD$，所以 AC 与 B_1D_1 所成的角就是 AC 与 BD 所成的角，即 $90°$．

【名师点睛】 要求异面直线所成角的大小，可先在同一平面内分别找到与两条异面直线平行的两条直线，再求这两条直线所成角的大小，即为所求异面直线所成角的大小．

变式体验 9 在正方体 $ABCD-A_1B_1C_1D_1$ 中，O，O_1 分别为上、下底面对角线的交点，求 A_1O 与 BC 所成角的大小．

例 10 在棱长为 2 cm 的正方体 $ABCD-A_1B_1C_1D_1$ 中，E，F，M，N 分别为 AB，BC，B_1C_1，C_1D_1 的中点，则 EF 与 MN 的距离为 _____．

解：如图14-7所示，连接 MF．因为 M，F 分别为 B_1C_1，BC 的中点，所以 $MF \parallel CC_1$，且 $MF = CC_1 = 2$ cm．因为 MF 为 EF 与 MN 的公垂线，所以 EF 与 MN 的距离为 2 cm．

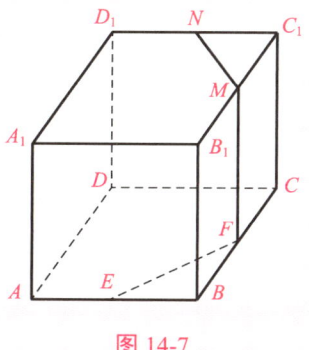

图 14-7

【名师点睛】 求异面直线的距离，应先找出异面直线的公垂线，公垂线的长度即为两条异面直线的距离.

变式体验10 若长方体 $ABCD-A_1B_1C_1D_1$ 中，$AC \cap BD = O$，$A_1C_1 \cap B_1D_1 = O_1$，$AB = 6$ cm，$AA_1 = 5$ cm，则 AB 与 D_1O_1 的距离为_____.

重点实战演练

A 组

1. 如果空间中两条直线相互垂直，那么这两条直线（　　）.
   A．相交　　　　　　　　　　B．共面
   C．异面　　　　　　　　　　D．一定不平行

2. 若直线 a，b 与直线 l 相交成等角，则直线 a，b 的关系为（　　）.
   A．相交　　　　　　　　　　B．平行
   C．异面　　　　　　　　　　D．相交、异面或平行

3. 和两条异面直线垂直的直线（　　）.
   A．只有一条　　　　　　　　B．有两条
   C．有无数条　　　　　　　　D．不存在

4. 如图 14-8 所示，在空间四边形 $ABCD$ 中，E，F，G 分别是 BC，AD，BD 的中点，其中 $AB = CD$，且 $EF = FG$，则直线 EF 与 AB 所成角的大小为_____.

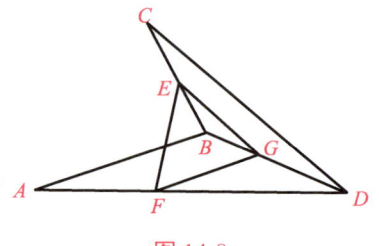

图 14-8

5. 在长方体 $ABCD-A_1B_1C_1D_1$ 中，与 AB_1 垂直的棱有_____条.

6. 写出长方体 $ABCD-A_1B_1C_1D_1$ 中两组相互垂直的异面直线：_____、_____.

7. 在长方体 $ABCD-A_1B_1C_1D_1$ 中，$AB = 3$ cm，$BC = 5$ cm，$AA_1 = 6$ cm，分析下列各组直线的位置关系，并求出所成角的正弦值与直线间的距离.

（1）A_1B 与 CC_1；　　　　　　　　（2）AA_1 与 BC_1；

（3） AD_1 与 BC_1.

B 组

1. 等腰直角三角形 ABC 中直角边边长为 1，以斜边 AC 上的高为棱进行折叠，折叠后 AC 所形成的两条边相互垂直，则折叠后点 A 与 C 的距离为（　　）.

   A． $\sqrt{2}$ 　　　　B． 1 　　　　C． $\dfrac{\sqrt{2}}{2}$ 　　　　D． $\dfrac{1}{2}$

2. 在空间四边形 $ABCD$ 中，点 E，F，G 分别是 AD，BC，BD 的中点，其中直线 AB 与 CD 所成的角为 $60°$，且 $AB = CD$，则 $\angle EFG = $ _____．

3. 在长方体 $ABCD - A_1B_1C_1D_1$ 中，已知 $AB = AA_1$，且 $AC \perp BD$，求异面直线 BC_1 与 AC 所成角的大小．

4. 在长方体 $ABCD - A_1B_1C_1D_1$ 中，$AC \cap BD = O$，$A_1C_1 \cap B_1D_1 = O_1$，其中 $AC = BD = 6$，$AA_1 = 4$，求直线 AA_1 与 BO_1 所成角的正弦值．

点亮智慧

良渚古城遗址位于浙江省杭州市城郊，是揭示中华五千年文明史的圣地．良渚古城遗址是长江下游地区首次发现的新石器时代城址，被誉为"中华第一城"．它略呈圆角长方形，正南北方向，东西长 1 500～1 700 m，南北长 1 800～1 900 m．作为世界文化遗产，良渚古城遗址填补了《世界遗产名录》中东亚地区新石器时代城市考古遗址的空缺．

在良渚古城遗址的勘察工作中，激光雷达技术发挥了极大的作用．激光雷达是以发射激光束探测目标的位置、速度等特征量的雷达系统．激光雷达的工作原理是向目标发射探测信号（激光束），然后将接收到的从目标反射回来的信号（目标回波）与探测信号进行比较，做适当处理后，即可获得目标的有关信息，如目标距离、方位、高度、形状等参数．在良渚古城遗址的勘察工作中，使用机载的激光雷达扫描良渚古城遗址所在区域，滤除地面的植被后，良渚古城遗址的水利设施、外郭等立体结构都显现了出来．

将激光雷达探测过程中激光束发射的路径与目标回波的路径看作直线，试猜想两种路径所在直线之间是什么位置关系？

14.3 直线与平面的位置关系

14.3.1 空间中直线与平面的位置关系

知识要点回顾

1. **直线在平面内**：直线 a 在平面 α 内，记作_____．

2. **直线与平面平行**：直线 b 与平面 α 平行，记作_____．

3. **直线与平面相交**：直线 c 与平面 α 相交于点 B，记作_____．

4. **直线与平面平行的判定定理**：如果_____一条直线与这个平面内的一条直线平行，那么平面外这条直线与这个平面平行．

5. **直线与平面平行的性质定理**：如果一条直线和一个平面平行，那么经过这条直线的任一平面和这个平面的_____与这条直线平行．

6. **直线与平面垂直**：如果一条直线和一个平面内的_____都垂直，那么称这条直线和这个平面互相垂直．这条直线称为这个平面的_____，这个平面称为这条直线的_____，直线与平面的交点称为_____．直线 l 与平面 α 垂直，记作_____．

7. **直线与平面垂直的判定定理1**：如果平面外一条直线与这个平面内的＿＿＿＿＿＿＿＿都垂直，那么这条直线与这个平面垂直．

8. **直线与平面垂直的判定定理2**：如果两条平行直线中有一条直线＿＿＿＿＿＿于一个平面，那么另一条直线也垂直于这个平面．

9. **直线与平面垂直的性质定理**：如果两条直线都垂直于同一个平面，那么这两条直线＿＿＿＿＿．

例题强化解析

例 11 如图14-9所示，在三棱锥 $P-ABC$ 中，E，F 分别为 AB，BC 上的点，M，N 分别为棱 PA，PC 上的点，且 $MN \parallel EF$．求证：$AC \parallel$ 平面 $MNFE$．

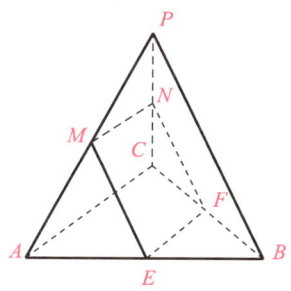

图 14-9

证明：因为 $MN \parallel EF$，$EF \subseteq$ 平面 ABC，$MN \not\subseteq$ 平面 ABC，所以 $MN \parallel$ 平面 ABC．因为 $MN \subseteq$ 平面 PAC，平面 $ABC \cap$ 平面 $PAC = AC$，所以 $MN \parallel AC$．又因为 $MN \subseteq$ 平面 $MNFE$，$AC \not\subseteq$ 平面 $MNFE$，所以 $AC \parallel$ 平面 $MNFE$．

【名师点睛】 利用直线与平面平行的判定定理证明直线与平面平行，关键是找到平面内与平面外相互平行的直线；利用直线与平面平行的性质定理证明直线与平面平行，关键是把直线与平面的平行转化为直线与交线平行．

变式体验 11 如图14-10所示，P 为平行四边形 $ABCD$ 外一点，O 是平行四边形 $ABCD$ 对角线的交点，M 为 PB 中点．求证：$PD \parallel$ 平面 MAC．

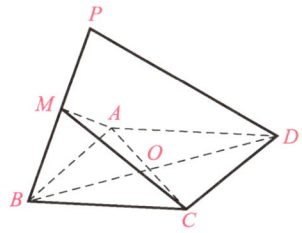

图 14-10

例 12 如图 14-11 所示，O 是正方形 $ABCD$ 对角线的交点，P 为正方形 $ABCD$ 外一点，$PA = PC$，$PB = PD$. 求证：$PO \perp$ 平面 $ABCD$.

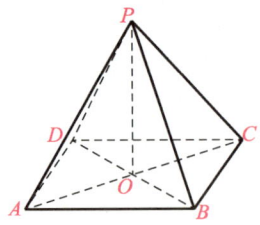

图 14-11

证明： 因为 $PA = PC$，$PB = PD$，所以 $\triangle PAC$ 和 $\triangle PBD$ 为等腰三角形．因为 O 是正方形 $ABCD$ 对角线的交点，所以 O 为 AC，BD 的中点，因此 PO 为 $\triangle PAC$ 和 $\triangle PBD$ 的高，即 $PO \perp AC$，$PO \perp BD$. 又因为 $AC \subseteq$ 平面 $ABCD$，$BD \subseteq$ 平面 $ABCD$，且 $AB \cap CD = O$，所以 $PO \perp$ 平面 $ABCD$.

【名师点睛】 利用直线与平面垂直的判定定理 1 证明直线与平面垂直，关键是找到平面内与该直线垂直的两条相交直线．

变式体验 12 如图 14-12 所示，已知 $PM \perp$ 平面 ABC，$BD \perp AC$，以下不成立的是（　　）．

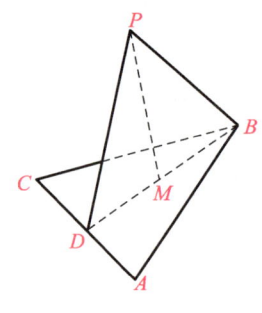

图 14-12

A. $PM \perp AC$ B. $PD \perp AC$ C. $PB \perp AC$ D. $PB \perp MD$

重点实战演练

A 组

1. 下列关于直线 l 与平面 α 的命题正确的是（　　）．
    A. 若 $l \parallel \alpha$，则直线 l 与平面 α 内所有直线平行
    B. 若 $l \perp \alpha$，则直线 l 垂直于平面 α 内所有直线
    C. 若直线 l 不在平面 α 内，则直线 l 上所有点都在平面 α 外
    D. 若直线 l 不在平面 α 内，则 $l \parallel \alpha$

2. 若 $a \parallel \alpha$，$a \perp b$，则直线 b 与平面 α 的位置关系为（　　）．
    A. $b \perp \alpha$ B. $b \parallel \alpha$
    C. $b \subseteq \alpha$ D. 以上情况皆有可能

3．若 $a \perp \alpha$，$b // \alpha$，则 a 与 b 的位置关系为（　　）．

A．$a \perp b$　　　　　　　　　　　　B．$a // b$

C．a 与 b 垂直且相交　　　　　　　D．a 与 b 垂直且异面

4．下列说法中正确的是（　　）．

① 若 $l // \alpha$，则 l 平行于平面 α 内两条相交直线

② 若 $l // \alpha$，则 l 平行于平面 α 内所有直线

③ 若 $l \perp \alpha$，则 l 垂直于平面 α 内所有直线

④ 若 $l \perp \alpha$，则 l 垂直于平面 α 内两条相交直线

A．①②③④　　　B．②③　　　C．③④　　　D．①②

5．在正方体 $ABCD - A_1B_1C_1D_1$ 中，直线 AC_1 与 BD 所成角的大小为_____．

6．如图 14-13 所示，P 为正方形 $ABCD$ 外一点，且 $PA \perp$ 正方形 $ABCD$．求证：$PC \perp BD$．

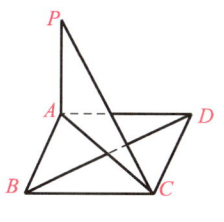

图 14-13

7．如图 14-14 所示，P 为平行四边形 $ABCD$ 外一点，M，N 分别是 AB，PC 的中点，求证：$MN //$ 平面 PAD．

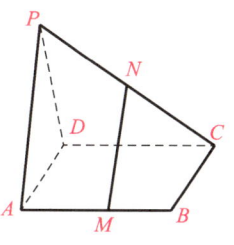

图 14-14

B 组

1. m，n，l 为空间中三条直线，α 为一个平面，下列条件中可以使 $m /\!/ n$ 的是（　　）.
   ① $m /\!/ \alpha$，$n /\!/ \alpha$；　② $m /\!/ l$，$n /\!/ l$；　③ $m \perp \alpha$，$n \perp \alpha$；　④ $m \perp l$，$n \perp l$.
   A．②③　　　　　　B．①③　　　　　　C．③④　　　　　　D．①②

2. 如果直线 l 与平面 α 的一条垂线垂直，则 l 与 α 的位置关系为（　　）.
   A．$l \perp \alpha$　　　　B．$l /\!/ \alpha$　　　　C．$l \subseteq \alpha$　　　　D．$l \subseteq \alpha$ 或 $l /\!/ \alpha$

3. 如图 14-15 所示，P 为正方形 $ABCD$ 外一点，且 $PA \perp$ 正方形 $ABCD$，以下不正确的是（　　）.
   A．$PA \perp BD$　　　　　　　　　　B．$PD \perp CD$
   C．$PC \perp BD$　　　　　　　　　　D．$PD \perp BD$

4. 已知 P 为 $\triangle ABC$ 外一点，O 为 $\triangle ABC$ 内一点，$PO \perp$ 平面 ABC.
   （1）若 PA，PB，PC 与平面 ABC 所成角相等，求证：O 为 $\triangle ABC$ 的外心；

图 14-15

（2）若 O 在 $\triangle ABC$ 内，且 P 到 $\triangle ABC$ 三边距离相等，求证：O 为 $\triangle ABC$ 的内心.

14.3.2　直线与平面所成的角

知识要点回顾

1. 一条直线和一个平面相交，但不与这个平面垂直，那么这条直线就称为平面的_____，斜线与平面的交点称为_____.

2. 过斜线上斜足以外的一点 P 作平面 α 的垂线 PO，过垂足 O 和斜足 A 的直线 AO 称为_____.

3. **斜线与平面所成的角**：平面的一条斜线与它在该平面上的_____所成的角.

4. 当直线在平面内或直线与平面平行时，它与平面所成的角是_____；当直线与平面垂直时，它与平面所成的角是_____. 直线与平面所成角的范围为_____.

例题强化解析

例 13 如图 14-16 所示，$AD \perp$ 平面 BCD，$\triangle ABC$ 为等腰直角三角形，斜边 AB 与平面 BCD 所成的角为 $30°$，则 AC 与平面 BCD 所成的角为_____.

解：因为 $AD \perp$ 平面 BCD，所以 BD 是 AB 在平面 BCD 上的射影，CD 是 AC 在平面 BCD 上的射影，于是 $\angle ABD$ 为 AB 与平面 BCD 所成的角，$\angle ACD$ 为 AC 与平面 BCD 所成的角. 因为在 $\text{Rt}\triangle ABD$ 中，$\angle ABD = 30°$，所以 $AD = \frac{1}{2}AB$. 因为在等腰直角三角形 ABC 中 $AB = \sqrt{2}AC$，所以 $AD = \frac{\sqrt{2}}{2}AC$. 因此在 $\text{Rt}\triangle ACD$ 中，$\angle ACD = 45°$，即 AC 与平面 BCD 所成的角为 $45°$.

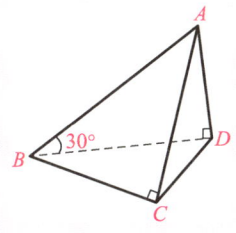

图 14-16

【名师点睛】 求直线与平面所成角时，可以先根据题中条件找出该直线与其在平面上的射影所成的角，然后再求所成角的大小.

变式体验 13 在长方体 $ABCD - A_1B_1C_1D_1$ 中，已知 $AB = 1$，$BC = 1$，$AA_1 = \sqrt{6}$，求该长方体中对角线 A_1C 与平面 $ABCD$ 所成的角.

重点实战演练

A 组

1. 直线 l 与平面 α 所成的角为 $60°$，则直线 l 与平面 α 内直线所成的角中，最大的角是（　　）.

   A．$60°$ B．$90°$

   C．$120°$ D．没有最大值

2. 若线段 AB 在平面 α 上的射影长度是 $\frac{1}{2}AB$，则直线 AB 与平面 α 所成的角为（　　）.

   A．$30°$ B．$45°$

   C．$60°$ D．$90°$

3. 从平面外一点 D 向平面引垂线段 DA 及斜线段 DB，DC，已知 $DA=10$，$BC=20\sqrt{2}$，$\angle BDA=\angle CDA=60°$，求 $\angle BDC$．

B 组

1. 已知 $PA\perp\alpha$，直线 AB 为直线 PB 在平面 α 上的射影，BC 在平面 α 内，且 $\angle PBC=60°$，Rt$\triangle ABC$ 中 $\angle ACB=90°$，$\angle ABC=60°$，则 PB 与平面 α 所成的角为（　　）．

  A．15°　　　　　B．30°　　　　　C．45°　　　　　D．60°

2. 已知正三棱柱 $ABC-A_1B_1C_1$ 的侧棱长与底面边长相等，则 AB_1 与平面 ACC_1A_1 所成角的正弦值为（　　）．

  A．$\dfrac{\sqrt{6}}{4}$　　　　B．$\dfrac{\sqrt{10}}{4}$　　　　C．$\dfrac{\sqrt{2}}{2}$　　　　D．$\dfrac{\sqrt{3}}{2}$

点亮智慧

  榫卯结构历史悠久．研究发现，早在新石器时代我们的祖先就已经开始使用榫卯结构了．榫卯是一种在两个木构件上所采用的凹凸结合的连接方式，凸出部分称为榫（或榫头），凹进部分称为卯（或卯眼），榫和卯咬合，起到连接作用．榫卯结构是榫和卯的结合，是木构件之间多与少、高与低、长与短的巧妙组合，可有效地限制木构件向各个方向扭动．最基本的榫卯结构由两个木构件组成，其中一个木构件的榫头插入另一个的卯眼中，使两个木构件连接并固定．榫卯结构是中国古代建筑、家具及其他木制器械的主要结构形式．

  燕尾榫是最常用的榫卯结构，由一系列的梯形尾巴相接组成，抗拉强度较高．已知某一燕尾榫的榫头为四棱台 $ABCD-A_1B_1C_1D_1$（见图 14-17），其上底面为长方形，$A_1B_1=4a$，下底面为正方形，$AB=2a$，$\angle AA_1B_1=45°$．求直线 AC_1 与平面 $ABCD$ 所成角的余弦值．

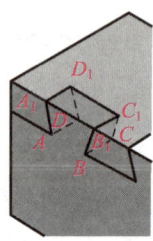

图 14-17

14.4 平面与平面的位置关系

14.4.1 空间中平面与平面的位置关系

知识要点回顾

1. 当两个平面没有_____时，称两个平面平行．平面 α 与 β 平行，记作_____．
2. 两个平面有_____时，称两个平面相交．平面 α 与 β 相交于直线 l，记作_____．

例题强化解析

例 14 分别在两个平行平面中的两条直线的位置关系为_____．

解：由两个平面平行的定义可知，两个平行平面没有交点，因此分别在两个平行平面中的两条直线也没有交点，所以这两条直线的位置关系为平行或异面．

【名师点睛】 掌握两个平面平行的定义．

变式体验 14 如果一条直线与两个平行平面中的一个平面平行，那么这条直线与另外一个平面的位置关系为_____．

重点实战演练

A 组

1. 下列命题正确的是（　　）．
   A．夹在两个平行平面间的线段相等
   B．过平面外一点有无数条直线与已知平面平行
   C．过平面外一点有无数个平面与已知平面平行
   D．若一条直线上有两个点到一个平面的距离相等，则这条直线和该平面平行

2. 下列说法正确的是（　　）．
   A．若一条直线和一个平面平行，则这条直线和该平面内任何直线都平行
   B．平行于同一平面的两条直线平行
   C．若一个平面内无数条直线平行于另一平面，则这两个平面平行
   D．若一个平面内任意一条直线都平行于另一平面，则这两个平面平行

3. 已知 $\alpha \parallel \beta$，若 $a \subseteq \alpha$，$b \subseteq \beta$，则 a 与 b 的位置关系为（　　）．
   A．平行或异面　　　　　　　　　　B．平行
   C．异面　　　　　　　　　　　　　D．相交

B 组

1. 已知平面 α, β, γ 和直线 l，下列条件中可以使 $\alpha \parallel \beta$ 的是（ ）．
   A．$l \parallel \alpha$，$l \parallel \beta$
   B．$l \subseteq \alpha$，$l \parallel \beta$
   C．$\alpha \parallel \gamma$，$\beta \parallel \gamma$
   D．$\alpha \cap \gamma = l$，$l \parallel \beta$

2. A，B 为平面 α 外两点，经过 A，B 且与平面 α 平行的平面有（ ）．
   A．0 个
   B．1 个
   C．0 或 1 个
   D．无数个

14.4.2 二面角及其平面角

知识要点回顾

1. 平面内的一条直线，把这个平面分成两部分，每一部分都称为_____．从一条直线出发的两个半平面所组成的图形称为_____．这条直线称为_____，这两个半平面称为_____．

2. **二面角的平面角**：以二面角的棱 l 上任意一点为端点，在两个平面内分别作_____棱 l 的两条射线，这两条射线所成的角．

3. 当二面角的两个半平面_____时，二面角为零角；当二面角的平面角为_____时，二面角为直二面角；当二面角的两个半平面_____时，二面角为平角．二面角的取值范围是_____．

例题强化解析

例 15 点 P 为二面角 $\alpha-l-\beta$ 内一点（见图 14-18），过点 P 作 $PA \perp \alpha$，$PB \perp \beta$，垂足分别为 A，B．若 $\angle APB = 80°$，则二面角 $\alpha-l-\beta$ 的大小为_____．

解：过点 A 作 $AC \perp l$，并连接 BC，则点 C 为平面 PAB 与直线 l 的交点．因为 $PA \perp \alpha$，$PB \perp \beta$，所以 $\angle ACB$ 为二面角 $\alpha-l-\beta$ 的平面角．在四边形 $PACB$ 中，$\angle PBC = \angle PAC = 90°$，$\angle APB = 80°$，所以 $\angle ACB = 100°$，即二面角 $\alpha-l-\beta$ 的大小为 $100°$．

【名师点睛】 求两平面的二面角，可先根据二面角的定义或通过作辅助线找出该二面角的平面角，然后构造三角形，求二面角的大小．

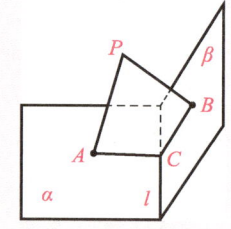

图 14-18

变式体验 15 如图 14-19 所示，$PA \perp$ 平面 ABC，$AC \perp BC$，$AB = 2$，$BC = \sqrt{2}$，$PB = \sqrt{6}$，求二面角 $P-BC-A$ 的大小．

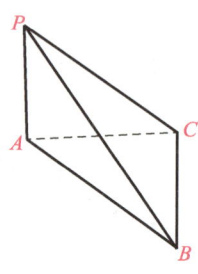

图 14-19

重点实战演练

A 组

1. 二面角 $\alpha-l-\beta$ 的一个平面 α 内一点 P 到 l 的距离是其到另一平面 β 距离的两倍，则这个二面角的大小为（　　）．

　　A．$30°$或$150°$　　　　B．$45°$　　　　C．$60°$　　　　D．$90°$

2．根据已知条件画出下列二面角的平面角．

（1）已知△ABC 和△DBC 是一对有公共底边的两个等腰三角形，画出二面角 $A-BC-D$ 的平面角；

（2）已知△ABE 是平面 α 内的一个三角形，四边形 $ABCD$ 是矩形，画出二面角 $D-AB-E$ 的平面角．

3．已知二面角 $\alpha-a-\beta$，$PA \perp \alpha$，交点为 A，$PB \perp \beta$，交点为 B，且 $PA=8$，$PB=5$，$AB=7$，求二面角 $\alpha-a-\beta$ 的大小．

B 组

1．已知在△ABC 中，$AB=AC=5$，$BC=6$．P 为平面 ABC 外一点，$PA \perp$ 平面 ABC，且 $PA=4\sqrt{3}$，求平面 PBC 与平面 ABC 所成角的大小．

2．已知三棱锥 $P-ABC$ 中，$PA=PB=PC=AC$，$AB=BC$，$\angle ABC=90°$，求二面角 $P-AC-B$ 的大小．

3．已知空间四边形 $A-BCD$ 中，$AB=BC=CD=AD=a$，对角线 $AC=\dfrac{\sqrt{6}}{2}a$，$BD=\sqrt{2}a$．求二面角 $A-BD-C$ 的大小．

14.4.3　两平面平行的判定与性质定理

知识要点回顾

1．**两个平面平行的判定定理**：如果一个平面内两条相交直线＿＿＿＿＿＿＿＿＿＿＿＿，那么这两个平面互相平行．

推论 1：如果一个平面内＿＿＿＿＿＿＿＿分别平行于另一个平面内的两条直线，那么这两个平面互相平行．

推论 2：如果两个平面平行，那么其中一个平面内的直线必＿＿＿＿＿＿＿＿＿＿＿＿．

2．**两个平面平行的性质定理**：如果两个平行平面同时和第三个平面相交，那么两条交线＿＿＿＿＿＿．

例题强化解析

例 16　在正方体 $ABCD-A_1B_1C_1D_1$ 中，M，N，E，F 分别是 A_1B_1，A_1D_1，B_1C_1，C_1D_1 的中点．求证：平面 AMN ∥ 平面 $EFDB$．

证明：如图 14-20 所示，连接 MF．因为 M，F 分别是 A_1B_1，C_1D_1 的中点，且四边形 $A_1B_1C_1D_1$ 是正方形，所以 MF 与 A_1D_1 平行且相等．又因为 A_1D_1 ∥ AD，所以 MF 与 AD 平行且相等．因此，四边形 $AMFD$ 为平行四边形，AM ∥ DF．

因为 $DF\subset$ 平面 $EFDB$，$AM\not\subset$ 平面 $EFDB$，所以 AM ∥ 平面 $EFDB$．同理可证 AN ∥ 平面 $EFDB$．又因为 $AM\subset$ 平面 AMN，$AN\subset$ 平面 AMN，$AM\cap AN=A$，所以平面 AMN ∥ 平面 $EFDB$．

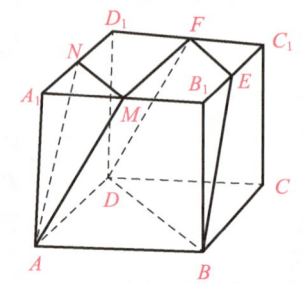

图 14-20

【名师点睛】　证明两平面平行的关键是在一个平面里找到两条与另一平面都平行的相交直线．

变式体验 16 如图 14-21 所示的正方体 $ABCD-A_1B_1C_1D_1$ 中，E,F 分别为 AA_1,CC_1 的中点．求证：平面 BDF // 平面 B_1D_1E．

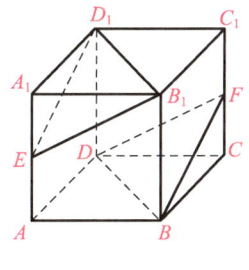

图 14-21

重点实战演练

A 组

1. 一条直线与两个平行平面中的一个平面平行，那么这条直线与另一平面的关系为（　　）．
   A．平行　　　　　　　　　　B．相交
   C．平行或在平面内　　　　　D．在平面内

2. 若直线 m,n 分别在平面 α、β 内，且 α // β，则这两条直线的位置关系为（　　）．
   A．平行　　B．相交　　C．平行或异面　　D．异面

3. 下列说法中，正确的是（　　）．
   ① 如果一个平面内两条直线平行于另一个平面，那么这两个平面平行；
   ② 如果两个平面平行于同一个平面，那么这两个平面平行；
   ③ 若两个平面平行，则其中一个平面内的一条直线在另一平面内有且只有一条平行线；
   ④ 若两个平面平行，则其中一个平面平行于另一平面内任意一条直线．
   A．①③　　B．②④　　C．③④　　D．①④

4. 下列结论正确的是（　　）．
   A．若 a // α，b // α，则 a // b
   B．若 α // m，β // m，则 α // β
   C．若 a // α，a // b，则 b // α
   D．若 α // γ，β // γ，则 α // β

B 组

1. 下列条件中，可以判断平面 α 与 β 平行的是（　　）．
   A．平面 α 内有无数条直线平行于平面 β
   B．平面 α 内存在不共线的三点，它们到平面 β 的距离相等
   C．l,m 是平面 α 内的两条直线，且 l // β，m // β
   D．l,m 是两条异面直线，且 l // α，m // α，l // β，m // β

2. 直线 l 与平面 α，β 所成的角都等于 θ，则平面 α 与 β 的位置关系是（　　）．
   A．平行　　B．相交　　C．平行或垂直　　D．不能确定

3．求证：夹在两个平行平面间的平行线段相等．

4．已知两条异面直线 a，b，$a \subseteq \alpha$，$b \subseteq \beta$，且 $a \parallel \beta$，$b \parallel \alpha$，求证 $\alpha \parallel \beta$．

14.4.4 两平面垂直的判定与性质定理

知识要点回顾

1．当两个平面所成的角为_____时，称**这两个平面互相垂直**．平面 α 与 β 垂直，记作_____．

2．**两个平面垂直的判定定理**：如果一个平面经过另一个平面的一条_____，那么这两个平面互相垂直．

3．**两个平面垂直的性质定理**：如果两个平面互相垂直，那么在一个平面内_____的直线垂直于另一个平面．

例题强化解析

例 17 如图 14-22 所示，$PA=PC$，$\angle APC = \angle ACB = 90°$，平面 $PAC \perp$ 平面 PBC．求证：平面 $PAB \perp$ 平面 ABC．

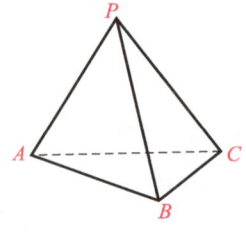

图 14-22

证明：因为 $\angle ACB = 90°$，所以 $BC \perp AC$．又因为平面 $PAC \perp$ 平面 PBC，且平面 $PAC \cap$ 平面 $PBC = AC$，所以 $BC \perp$ 平面 PAC，$BC \perp PA$．因为 $\angle APC = 90°$，所以 $PA \perp PC$．因为 $PC \cap BC = C$，所以 $PA \perp$ 平面

PBC. 又因为 $PA \subseteq$ 平面 PAB,所以平面 $PAB \perp$ 平面 PBC.

【名师点睛】 掌握两个平面垂直的判定定理和性质定理.

变式体验 17 已知线段 PD 垂直于正方形 $ABCD$ 所在的平面,D 为垂足,求证平面 $PBC \perp$ 平面 PDC.

方法提炼点拨

垂直关系之间的相互转化,如图 14-23 所示.

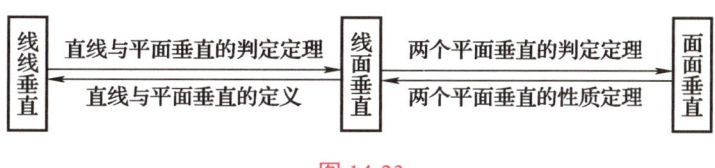

图 14-23

重点实战演练

A 组

1. 下列描述错误的是（　　）.
   A. 若两平面垂直,则一个平面内所有直线都垂直于另一个平面
   B. 若两平面垂直,则一个平面内一定存在平行于另一个平面的直线
   C. 若两平面不垂直,则一个平面内一定不存在垂直于另一个平面的直线
   D. 若交于直线 l 的两个平面都垂直于平面 α,则 $l \perp \alpha$

2. 下列说法中,正确的是（　　）.
   ① 垂直于同一平面的两个平面互相平行;　② 垂直于同一平面的两条直线互相平行;
   ③ 垂直于同一直线的两条直线互相平行;　④ 垂直于同一直线的两个平面互相平行.
   A. ①③　　　　　B. ②④　　　　　C. ③④　　　　　D. ①④

3. 垂直于同一平面的两个平面的位置关系为（　　）.
   A. 平行　　　　　B. 相交　　　　　C. 垂直　　　　　D. 以上情况皆有可能

4. 如图 14-24 所示，$MA \perp$ 平面 ABC，$NC \perp$ 平面 ABC，$AB \perp AC$，且 $MA = NC$，求证：平面 $BMN \perp$ 平面 ABM.

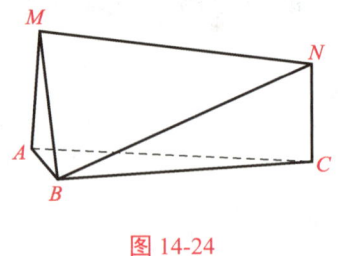

图 14-24

B 组

1. 下列命题中正确的是（　　）.

① 若 $\alpha // \beta$，$\beta \perp \gamma$，则 $\alpha \perp \gamma$；　② 若 $\alpha // \beta$，$\beta // \gamma$，则 $\alpha // \gamma$；

③ 若 $\alpha \perp \beta$，$\beta \perp \gamma$，则 $\alpha \perp \gamma$.

A．①③　　　　　　B．①②③　　　　　　C．②③　　　　　　D．①②

2. 已知 $AD \perp$ 平面 ABC，$AB = AD$，$AM \perp CD$，垂足为 M，N 为 BD 的中点，且在 Rt$\triangle ABC$ 中，$\angle ABC = 90°$．求证：

（1）平面 $BCD \perp$ 平面 DAB；　　　　　（2）$MN \perp CD$.

3. 在正方体 $ABCD - A_1B_1C_1D_1$ 中，M 为 CC_1 的中点，O 为 AC 的中点．求证：平面 $AOM \perp$ 平面 MBD.

点亮智慧

古埃及金字塔是靠石块之间相互叠压、咬合而垒成的，是古埃及的法老陵墓。胡夫金字塔是现存古埃及金字塔中最大的金字塔，约建于公元前2560年，是世界七大古建筑奇迹之一。胡夫金字塔塔身是用230万块大小不等的巨石堆砌而成的，总重量约为684万吨。整个胡夫金字塔建在一块巨大的凸形岩石上，占地约52 900 m²。塔底面呈正方形，四个斜面正对东、南、西、北四方，底座四边边长的差异不超过0.2 m，底座四个直角的角度差异不大于0.06°。

在没有金属工具，没有起重设备的古代，古埃及人设计并建造出如此庞大、精确、复杂的金字塔，充分表现了古埃及人卓越的智慧和才能、令人叹为观止的创造力和建造力。古埃及金字塔是古埃及人集合了数学、建筑学、天文学等多方面知识创造出的非凡成果。

我们可以将金字塔看作一个正四棱锥，如正四棱锥 $P-ABCD$（见图14-25），已知 M 为 PA 上一点，N 为 PC 上一点，求证：平面 $MAC\perp$ 平面 NBD。

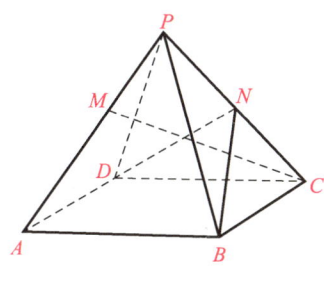

图 14-25

本章能力闯关

A 组

一、选择题

1. 下列说法正确的是（　　）.

    A. 若直线 a，b 平行于平面 α，则 $a/\!/b$

    B. 若直线 a，b 平行于直线 c，则 $a/\!/b$

    C. 若直线 a，b 垂直于直线 c，则 $a/\!/b$

    D. 若线段 AB 不在平面 α 内，则直线 AB 与平面 α 没有公共点

2. 下列说法不正确的是（　　）.

    A. 两条相等的斜线段和同一平面所成的角相等

    B. 两条平行线和同一平面所成的角相等

    C. 一条直线和两个平行平面所成的角相等

    D. 两个平行平面和同一平面所成的角相等

3. 空间中直线 $a \perp b$，则 a 与 b 的位置关系为（　　）.

   A．异面　　　　　　　　　　　B．相交

   C．相交或异面　　　　　　　　D．共面

4. 已知直线 m，n 和平面 α，若 $m \perp n$，$m \perp \alpha$，则直线 n 与平面 α 的位置关系为（　　）.

   A．平行　　　　　　　　　　　B．直线 n 在平面 α 内

   C．平行或直线 n 在平面 α 内　　D．不能确定

5. 如果直线 a 上两点到平面 α 的距离相等，那么直线 a 与平面 α 的位置关系为（　　）.

   A．$a \subseteq \alpha$　　　　　　　　　　B．$a \mathbin{/\mkern-6mu/} \alpha$

   C．$a \cap \alpha$　　　　　　　　　D．以上情况皆有可能

6. M 为矩形 $ABCD$ 外一点，$MD \perp$ 矩形 $ABCD$，下列判断错误的是（　　）.

   A．平面 $MBC \perp$ 平面 MCD　　　B．平面 $MBC \perp$ 平面 MAB

   C．平面 $MAD \perp$ 平面 MCD　　　D．平面 $MAD \perp$ 平面 MAB

7. 两条异面直线在同一平面上射影的位置关系为（　　）.

   A．相交　　　　　　　　　　　B．平行

   C．一条直线和直线外一点　　　D．以上情况皆有可能

二、填空题

1. 在正方体 $ABCD-A_1B_1C_1D_1$ 中，直线 B_1C 和 DC_1 所成的角为_____.

2. 如果正方形 $ABCD$ 的边长为 a，E，F 分别为 AD，BC 的中点，以 EF 为棱，将正方形 $ABCD$ 折叠成直二面角，则点 A 与 C 的距离为_____.

三、解答题

1. 在三棱锥 $P-ABC$ 中，$PB=AC$，E，F，G，H 分别为 PA，AB，BC，PC 的中点．求证：$EG \perp FH$.

2．在直三棱柱 $ABC-A_1B_1C_1$ 中，$AB=1$，$AA_1=BC=2$，$\angle ABC=90°$．求：

（1）AC_1 与平面 BB_1C 所成角的正切值；　　　（2）二面角 $C-AB-C_1$ 的大小．

B　组

一、选择题

1．若直线 l 与平面 α，β 所成的角都等于 θ，则平面 α 与平面 β 的位置关系为（　　）．

A．平行　　　　　　　　　　　　B．相交

C．平行或相交　　　　　　　　　D．不能确定

2．已知 A 为二面角 $\alpha-l-\beta$ 的棱 l 上一点，$AB\subseteq\beta$，直线 AB 与 l 成 $45°$ 角，与平面 α 成 $30°$ 角，则该二面角为（　　）．

A．$30°$　　　　　　　　　　　　B．$45°$ 或 $135°$

C．$60°$　　　　　　　　　　　　D．$90°$

3．PA，PB，PC 分别为从 P 点引出的三条射线，每两条射线的夹角为 $60°$，则 PC 与平面 PAB 所成角的余弦值为（　　）．

A．$\dfrac{1}{2}$　　　　　　　　　　　B．$\dfrac{\sqrt{6}}{3}$

C．$\dfrac{\sqrt{3}}{3}$　　　　　　　　　　D．$\dfrac{\sqrt{3}}{2}$

二、填空题

1．在长方体 $ABCD-A_1B_1C_1D_1$ 中，已知 $AA_1=AB=2BC$，E，F，G 分别为棱 AA_1，AB，CC_1 的中点，则直线 DE 与 GF 所成的角为_____．

2．四边形 $ABCD$ 为矩形，线段 $PA\perp$ 平面 $ABCD$，若 $AB=3$，$BC=4$，$PA=6$，则 $\triangle PBD$ 的面积为_____．

三、解答题

1. 在长方体 $ABCD-A_1B_1C_1D_1$ 中，$AB=2\sqrt{2}$，$AD=2$，BD_1 与 AC 所成角的余弦值为 $\dfrac{\sqrt{3}}{9}$．求：

（1）AA_1 的长； （2）二面角 $D-AC-D_1$ 的正切值．

2. 在四棱锥 $P-ABCD$ 中，四边形 $ABCD$ 是边长为 a 的正方形，O 为正方形 $ABCD$ 对角线交点，且 $PO\perp$ 平面 $ABCD$，E 为 PC 的中点．

（1）求证：PA // 平面 BDE； （2）若二面角 $E-BD-C$ 为 $30°$，求正四棱锥的体积．

第15章 复 数

知识导图

本章知识导图如图 15-1 所示.

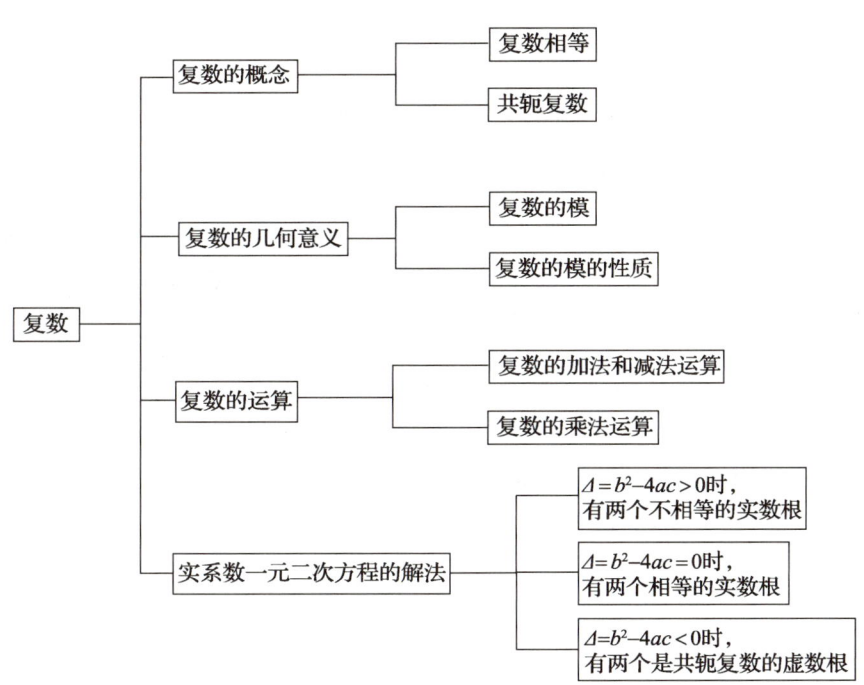

图 15-1

15.1 复数的概念和几何意义

15.1.1 复数的概念

知识要点回顾

1. 复数通常表示为 $z=a+bi(a,b\in \mathbf{R})$. 其中，i 表示_____，$a$ 称为复数 z 的_____，b 称为复数 z 的_____. 当 $b=0$ 时，z 称为_____；当 $b\neq 0$ 时，z 称为_____；当 $a=0$ 且 $b\neq 0$ 时，z 称为_____.

2. 全体复数组成的集合称为_____，用大写英文字母 **C** 表示，即_____.

3. 如果两个复数 $a+bi$ 与 $c+di(a,b,c,d\in \mathbf{R})$ 的_____，则称这两个复数相等，即 $a+bi=c+di \Leftrightarrow a=c$, $b=d$. 特别地，$a+bi=0 \Leftrightarrow$ _____.

4. 当两个复数的实部相等，虚部互为_____时，称这两个复数互为共轭复数. 复数 z 的共轭复数用_____来表示，$z=a+bi$ 的共轭复数为_____.

例题强化解析

例1 当复数 $(m^2-5m+6)+(m^2-3m)i$ 为以下两种情况时，求实数 m.

（1）实数；　　　　　（2）纯虚数.

解：（1）当复数 $(m^2-5m+6)+(m^2-3m)i$ 是实数时，$m^2-3m=0$，解得 $m=3$ 或 0.

（2）当复数 $(m^2-5m+6)+(m^2-3m)i$ 是纯虚数时，$\begin{cases} m^2-5m+6=0, \\ m^2-3m\neq 0, \end{cases}$ 解得 $m=2$.

【名师点睛】 掌握复数的概念及其应用.

变式体验1 当复数 $(m+3)+(m-5)i$ 为以下三种情况时，求实数 m.

（1）实数；　　　　　（2）虚数；　　　　　（3）纯虚数.

例 2 已知 $(x-2)+xi=1+(x-3y)i$,其中 $a,b\in\mathbf{R}$,求 x 和 y 的值.

解:由复数相等的定义可得 $\begin{cases} x-2=1, \\ x=-(x-3y), \end{cases}$ 解得 $x=3$,$y=2$.

【名师点睛】 解决此类题型常用的方法:先利用复数相等的条件列出二元一次方程组,然后求解.

变式体验 2 已知实数 x 满足 $x^2+2xi=m-i$,则实数 $m=$ _____.

重点实战演练

A 组

1. 若复数 $a+(a+1)i$ 是实数,则这个复数是( ).
   A. 1　　　　B. 0　　　　C. ±1　　　　D. −1

2. 以下复数是纯虚数的是( ).
   A. $3+2i$　　　　B. 0　　　　C. $2i$　　　　D. $1-i$

3. 复数 i 的实部和虚部分别是( ).
   A. 0,0　　　　B. 0,1　　　　C. 1,1　　　　D. 1,0

4. 复数 $z=-2-2i$ 的共轭复数为 $\bar{z}=$ _____.

5. 已知 $(2a-1)+3bi=a^2+(a+b)i$,其中 $a,b\in\mathbf{R}$,求 a 和 b 的值.

6. 求下列复数的共轭复数.
   (1) $11+6i$;　　　　　　　　　　(2) $-3-8i$;

   (3) $-5i$;　　　　　　　　　　(4) 100.

B 组

1. 已知 x，y 是实数，且 $3x-y-\mathrm{i}=4x+(x-2y)\mathrm{i}$，求 $x+y$ 的值．

2. 已知 a 为实数，若 $z=(a^2-3a-4)+(a-4)\mathrm{i}$ 为纯虚数，求 a 的值．

3. 已知 m 为实数，若 $z=\lg(m^2-2m-2)+(m^2+3m+2)\mathrm{i}$ 为实数，求 m 的值．

15.1.2 复数的几何意义

知识要点回顾

1．为表示复数而建立的＿＿＿＿＿＿＿＿＿＿＿＿＿＿＿＿＿＿＿＿称为复平面．在复平面内，x 轴称为＿＿＿＿＿＿＿，去掉原点的 y 轴称为＿＿＿＿＿＿＿．x 轴的单位是＿＿＿＿＿＿，y 轴的单位是＿＿＿＿＿＿．

2．在复平面内，点 $Z(a,b)$ 表示复数＿＿＿＿＿＿＿＿．向量 $\overrightarrow{OZ}$ 的模称为＿＿＿＿＿＿＿＿＿＿＿＿＿，记作＿＿＿＿＿＿＿＿＿＿＿＿．由模的定义可知 $|z|=$＿＿＿＿＿＿＿＿＿＿＿＿＿＿＿＿＿＿．

3．复数 z 的模的性质：复数 z 的模 $|z|$ 是一个＿＿＿＿＿＿＿＿，即 $|z|\geqslant 0$；复数 z 的模 $|z|$ 的几何意义是表示＿＿＿＿＿＿＿＿＿＿＿＿＿＿的距离．

例题强化解析

例 3 已知复数 $z=(m+1)+(3m-2)\mathrm{i}\ (m\in\mathbf{R})$．若 $|z|\leqslant 5$，求实数 m 的取值范围．

解： 由题意得 $|z|=\sqrt{(m+1)^2+(3m-2)^2}=\sqrt{10m^2-10m+5}$．因为 $|z|\leqslant 5$，且 $|z|\geqslant 0$，所以 $\sqrt{10m^2-10m+5}\leqslant 5$，即 $0\leqslant 10m^2-10m+5\leqslant 25$，解得 $-1\leqslant m\leqslant 2$．

【名师点睛】 解决此类题型常用的方法：先根据复数的模的定义和性质列出不等式，然后求解．

变式体验 3 已知复数 $z=(a^2-1)+(3a-4)\mathrm{i}\ (a\in\mathbf{R})$. 若其在复平面上对应的点在第一象限，求实数 a 的取值范围.

重点实战演练

A 组

1. 下列关于复数的命题中正确的是（　　）.
   - A．若 $a\in\mathbf{R}$，则 $(a+1)\mathrm{i}$ 是纯虚数
   - B．若 $a,b\in\mathbf{R}$ 且 $a>b$，则 $a+\mathrm{i}^3>b+\mathrm{i}^2$
   - C．若 $(x^2-1)+(x^2+3x+2)\mathrm{i}$ 是纯虚数，则实数 $x=\pm1$
   - D．两个虚数不能比较大小

2. 在复平面内，复数 $z=-1-\mathrm{i}$ 对应的点位于（　　）.
   - A．第一象限　　　B．第二象限　　　C．第三象限　　　D．第四象限

3. 已知复数 $z=3+4\mathrm{i}$，则 $|z|=$（　　）.
   - A．8　　　B．7　　　C．5　　　D．3

4. 在复平面内，向量 $\overrightarrow{OP}$（O 为坐标原点）的坐标为 $(-2,1)$，则向量 $\overrightarrow{OP}$ 对应的复数为（　　）.
   - A．$-2+\mathrm{i}$　　　B．$2+\mathrm{i}$　　　C．$1-2\mathrm{i}$　　　D．$1+2\mathrm{i}$

5. 已知复数 z 的模为 10，虚部为 6，则复数 $z=$（　　）.
   - A．$8+6\mathrm{i}$　　　B．$-8+6\mathrm{i}$　　　C．$\pm8+6\mathrm{i}$　　　D．$8-6\mathrm{i}$

6. 若 $(1+2a\mathrm{i})\mathrm{i}=1-b\mathrm{i}\ (a,b\in\mathbf{R})$，则 $|a+b\mathrm{i}|=$（　　）.
   - A．$\dfrac{\sqrt{2}}{2}$　　　B．$\sqrt{5}$　　　C．$\dfrac{\sqrt{5}}{2}$　　　D．5

7. 若 $z=1+2\mathrm{i}$，则 $|z-\mathrm{i}|=$ _____.

8. 求下列各复数的模.
   - （1）$z_1=1+\sqrt{3}\mathrm{i}$；
   - （2）$z_2=1-\mathrm{i}$；
   - （3）$z_3=-\sqrt{2}-5\mathrm{i}$；
   - （4）$z_4=3-4\mathrm{i}$.

B 组

1. 设复数 z 在复平面内对应的点为 (x,y)，且满足 $|z-1|=\sqrt{2}$，则（　　）.

   A. $(x+1)^2+y^2=\sqrt{2}$ B. $(x-1)^2+y^2=2$

   C. $x^2+(y+1)^2=\sqrt{2}$ D. $x^2+(y-1)^2=2$

2. 关于复数 z 的方程 $|z-3|=1$，在复平面内表示的图形是（　　）.

   A. 椭圆　　　B. 双曲线　　　C. 抛物线　　　D. 圆

3. 若 $z_1=2-\mathrm{i}$，$z_2=-\dfrac{1}{2}+2\mathrm{i}$，则 z_1，z_2 在复平面上对应的两点间距离为（　　）.

   A. $\dfrac{3}{2}$　　　B. $\dfrac{\sqrt{13}}{2}$　　　C. $\dfrac{\sqrt{61}}{2}$　　　D. 5

4. 已知复数 $z=(m^2-8m+15)+(m^2+3m-28)\mathrm{i}\ (m\in\mathbf{R})$，若 z 对应的点在第二象限，求 m 的取值范围.

5. 已知复数 $z=(m^2+m-12)+(m^2-2m-3)\mathrm{i}\ (m\in\mathbf{R})$，当 $z<0$ 时，求 m 的取值范围.

点亮智慧

欧拉公式是指以欧拉命名的诸多公式．其中最著名的是复变函数（以复数作为自变量和因变量的函数）中的欧拉幅角公式：$\mathrm{e}^{\mathrm{i}x}=\cos x+\mathrm{i}\sin x$，其中 e 是自然对数的底，i 是虚数单位．欧拉幅角公式将三角函数的定义域扩大到复数，建立了三角函数和指数函数的关系，还指出了指数函数的周期性．

在欧拉幅角公式中，设 $z=\cos x+\mathrm{i}\sin x$，求 $|z|$．

15.2 复数的运算

15.2.1 复数的加法和减法

知识要点回顾

1. 复数的加法满足_____，即对任意 $z_1, z_2, z_3 \in \mathbf{C}$，有 $z_1 + z_2 = $ _____，$(z_1 + z_2) + z_3 = $ _____.

2. 复数的加法和减法可以按照_____的加法和减法进行运算，这就是复数加法和减法的几何意义.

例题强化解析

例 4 计算下列各式.

（1）$z_1 = (5 - 6i) + (-2 - i) - (3 + 4i)$；　　（2）$z_2 = (1 - i) + (2 - i^3)$.

解：（1）$z_1 = (5 - 6i) + (-2 - i) - (3 + 4i) = (5 - 2 - 3) + (-6 - 1 - 4)i = -11i$；

（2）$z_2 = (1 - i) + (2 - i^3) = (1 - i) + [2 - (-1)i] = (1 - i) + (2 + i) = 3$.

【名师点睛】 复数的加减运算与多项式合并同类项类似，将含虚数单位的项与不含虚数单位的项分别进行合并. 题（2）中将 i^3 转化为 $(-1)i$ 是常用的解题方法.

变式体验 4 计算下列各式.

（1）$z_1 = (-2 + 4i) + (6 + 3i) - (4 - i)$；　　（2）$z_2 = (10 + i^3) - (i + i^4)$.

重点实战演练

A 组

1. 如果 $z - (2 - 3i) = -1 + i$，那么复数 z 为（　　）.

A．$1 - 2i$　　　　B．$1 + 4i$　　　　C．$-1 - 2i$　　　　D．$-1 + 4i$

2. 已知 $z_1 = 2 + bi$，$z_2 = a + i$，若 $z_1 + z_2 = 0$，则复数 $a + bi$ 为（　　）.

A．$1 + i$　　　　B．$2 + i$　　　　C．3　　　　D．$-2 - i$

3. 若 $z_1 = -3 - 4i$，$z_2 = -2 + 3i$，则 $z_1 + z_2$ 在复平面内对应的点位于（　　）.

A．第一象限　　　　B．第二象限　　　　C．第三象限　　　　D．第四象限

4. 设 $f(z)=z$，$z_1=3+4\mathrm{i}$，$z_2=-2-\mathrm{i}$，则 $f(z_1-z_2)=$（　　）.

   A．$1-3\mathrm{i}$ B．$-2+11\mathrm{i}$ C．$-2+\mathrm{i}$ D．$5+5\mathrm{i}$

5. 计算下列各组复数的和与差.

   （1）$z_1=2+3\mathrm{i}$，$z_2=4+\mathrm{i}$； （2）$z_1=3-2\mathrm{i}$，$z_2=2-\mathrm{i}$.

6. 已知 z_1，z_2 是复数，求证：$\overline{z_1+z_2}=\overline{z_1}+\overline{z_2}$.

B 组

1. 已知复数 $-5+\mathrm{i}$ 与 $-3-2\mathrm{i}$ 分别表示向量 $\overrightarrow{OA}$ 和 $\overrightarrow{OB}$，则表示向量 $\overrightarrow{AB}$ 的复数为_____．

2. 若 $f(z)=z+1-\mathrm{i}$，$z_1=3+4\mathrm{i}$，$z_2=-2+\mathrm{i}$，求 $f(z_1-z_2)$．

3. 已知 $A(1,2)$，$B(a,1)$，$C(2,3)$，$D(-1,b)$ $(a,b\in \mathbf{R})$ 是复平面内的四个点，且向量 $\overrightarrow{AB}$，$\overrightarrow{CD}$ 对应的复数分别为 z_1，z_2．

（1）若 $z_1+z_2=1+\mathrm{i}$，求 z_1，z_2；

（2）若 $|z_1+z_2|=2$，z_1-z_2 为实数，求 a，b 的值．

15.2.2 复数的乘法

知识要点回顾

1．两个复数相乘类似于_____相乘，只要在所得的结果中把 i^2 换成_____，并且把_____分别合并即可．两个复数的乘积仍然是一个_____．

2．复数的乘法满足_____、_____和_____，对任意复数 $z_1,z_2,z_3\in \mathbf{C}$，有
$$z_1z_2=\underline{\qquad},$$
$$(z_1z_2)z_3=\underline{\qquad},$$
$$z_1(z_2+z_3)=\underline{\qquad}.$$

3．共轭复数的乘积是一个实数，且这个实数等于_____，
即 $z\bar{z}=$ _____．

例题强化解析

例 5 若 $z=5+2\mathrm{i}$，计算 $\dfrac{z}{\bar{z}}$．

解：由已知可得 $\bar{z}=5-2\mathrm{i}$，于是 $\dfrac{z}{\bar{z}}=\dfrac{5+2\mathrm{i}}{5-2\mathrm{i}}=\dfrac{(5+2\mathrm{i})(5+2\mathrm{i})}{(5-2\mathrm{i})(5+2\mathrm{i})}=\dfrac{21}{29}+\dfrac{20}{29}\mathrm{i}$．

【名师点睛】 分母中存在虚部时，分子分母同时乘分母的共轭复数，可将分母转化为实数．

变式体验 5 若 $z_1=3+2\mathrm{i}$，$z_2=2+\mathrm{i}$，$z_3=-3+2\mathrm{i}$，计算 $\dfrac{z_1}{z_2}$ 与 $\dfrac{z_1}{z_3}$．

重点实战演练

A 组

1. 若复数 $(1-i)(1+ai)$ 是实数，则实数 a 的值是（　　）.
   A．-1　　　　B．0　　　　C．1　　　　D．2

2. 若复数 $z=(1+2i)(1-i)$，则 $|z|=$（　　）.
   A．$\sqrt{10}$　　　　B．10　　　　C．$\sqrt{2}$　　　　D．2

3. 若复数 $z=(1+2i)(2-i)$，则 z 的实部和虚部的和为（　　）.
   A．7　　　　B．9　　　　C．8　　　　D．10

4. 复数 $\dfrac{2-i}{2+i}=$（　　）.
   A．$\dfrac{3}{5}-\dfrac{4}{5}i$　　B．$\dfrac{3}{5}+\dfrac{4}{5}i$　　C．$1-\dfrac{4}{5}i$　　D．$1+\dfrac{3}{5}i$

5. 计算下列各式.
   （1）$z_1=(1+7i)^2$；
   （2）$z_2=(3+2i)(3-2i)(-4+i)$；
   （3）$z_3=\dfrac{5-2i}{8+3i}$；
   （4）$z_4=\dfrac{1+2i}{1-2i}-\dfrac{1-2i}{1+2i}$.

6. 复数 $z_1=1-i$，$z_2=3+ai\,(a\in\mathbf{R})$，若 z_1+z_2 为实数，求 z_1z_2 的值.

7. 求证：$\overline{z^2}=\left(\overline{z}\right)^2$.

B 组

1. 已知复数 z_1 满足 $z_1 i = 1 + i$，复数 $z_2 = m + 2i \, (m \in \mathbf{R})$．

   （1）求 z_1；

   （2）若 $z_1 z_2$ 为纯虚数，求 m 的值．

2. 已知复数 $z = \dfrac{4 + 2mi}{1 - i} \, (m \in \mathbf{R})$．

   （1）若 z 为纯虚数，求 m 的值；

   （2）若 $\bar{z}$ 在复平面上对应的点在第四象限，求 m 的取值范围．

交流电是指大小和方向都发生周期性变化的电流. 交流电可以有效传输电力, 其波形通常为正弦曲线. 我们生活中使用的是具有正弦波形的交流电. 由于交流电的大小和方向都是随时间不断变化的, 也就是说, 每一瞬间电压 (电动势) 和电流的数值都不相同, 因此在分析交流电时, 必须标明它的大小和方向. 用复数表示交流电可同时表征出交流电的大小与方向.

常用复数的三角形式表示交流电. 分析时, 为了避免虚数单位 i 与电流符号 i 相互混淆, 改用 j 来代替虚数单位 i. 例如, $z = a + bi (a, b \in \mathbf{R})$ 可表示为 $z = r(\cos\theta + j\sin\theta)(r \geq 0)$, 简写为 $z = r\angle\theta (r \geq 0)$. 其中 θ 表示以原点为顶点, 以 x 轴的正半轴为始边, 以 z 在复平面上对应的向量 $\overrightarrow{OZ}$ 所在射线为终边的角; r 表示 $|z|$.

对三角形式的复数进行加减运算时, 可先将其转化为复数形式然后进行计算. 试计算下列三角形式的复数.

（1） $2\angle 45° + 2\angle 30°$；

（2） $2\angle 60° - 3\angle 30°$.

15.3 实系数一元二次方程的解法

 知识要点回顾

对于实系数一元二次方程 $ax^2 + bx + c = 0$,

（1）当 $\Delta = b^2 - 4ac > 0$ 时, 该方程有两个不相等的实数根, 即 $x_1 = $ _____, $x_2 = $ _____；

（2）当 $\Delta = b^2 - 4ac = 0$ 时, 该方程有两个相等的实数根, 即 $x_1 = x_2 = $ _____；

（3）当 $\Delta = b^2 - 4ac < 0$ 时, 该方程在复数集中的两个根可表示为 $x_1 = $ _____, $x_2 = $ _____, 并且它们是一对共轭复数, 且两个根也满足 $x_1 + x_2 = $ _____, $x_1 x_2 = $ _____.

例题强化解析

例 6 关于 x 的实系数一元二次方程 $x^2+kx+k^2-2k=0$ 有一对模为 1 的虚根，求 k 的值.

解：设 $x^2+kx+k^2-2k=0$ 的一个根为 $x_1=a+b\mathrm{i}$，则另一个根为 $x_2=a-b\mathrm{i}$，于是有 $a^2+b^2=1$，$x_1+x_2=2a=-k$，$x_1x_2=a^2+b^2=k^2-2k=1$，解得 $k=1\pm\sqrt{2}$. 当 $k=1+\sqrt{2}$ 时，$\Delta>0$，与题意不符；当 $k=1-\sqrt{2}$ 时，$\Delta<0$，符合题意，因此 k 的值为 $1-\sqrt{2}$.

【名师点睛】 本题主要考查复数代数形式的运算，以及根与系数的关系式.

变式体验 6 已知 $-2+3\mathrm{i}$ 是关于 x 的实系数一元二次方程 $2x^2+px+q=0$ 的一个根，求实数 p，q 的值.

重点实战演练

A 组

1. 实系数一元二次方程 $x^2-2x+5=0$（　　）.
   A．有两个不相等的实数根　　　B．有一个实数根，一个虚数根
   C．有一对共轭虚数根　　　　　D．有两个相等的实数根

2. 若关于 x 的实系数一元二次方程的根是 $x=1\pm\sqrt{3}\mathrm{i}$，则该方程可以是（　　）.
   A．$x^2-2x+2=0$　　　　　　B．$x^2-2x+4=0$
   C．$x^2+3x+2=0$　　　　　　D．$x^2+2x+4=0$

3. 若 $1-2\mathrm{i}$ 是关于 x 的实系数一元二次方程 $x^2+ax+b=0$ 的一个根，则 $|a+b\mathrm{i}|=$（　　）.
   A．29　　　B．$\sqrt{29}$　　　C．$\sqrt{21}$　　　D．21

4. 若关于 x 的实系数一元二次方程 $x^2+ax+1=0$ 无实数解，则（　　）.
   A．$|a|<2$　　　B．$|a|=2$　　　C．$|a|>2$　　　D．$|a|\neq 2$

5. "$-2\leqslant a\leqslant 2$" 是 "实系数一元二次方程 $x^2+ax+1=0$ 有虚根" 的（　　）.
   A．必要不充分条件　　　　　　B．充分不必要条件
   C．充要条件　　　　　　　　　D．既不充分也不必要条件

6. 实系数一元二次方程 $x^2-px+k=0$ 的一个根为 $1+2\mathrm{i}$，另一个根为_____.

7. 已知 $3-\mathrm{i}$ 是实系数一元二次方程 $2x^2+ax+b=0$ 的一个根，则 $a=$_____，$b=$_____.

B 组

1. 若 $x \in \mathbf{C}$，且满足 $|x|=1+3\mathrm{i}-x$，则 $x=$（　　）．

   A. $\dfrac{1}{2}+\dfrac{\sqrt{3}}{2}\mathrm{i}$　　　　　　　　B. 4 或 -1

   C. $-4+3\mathrm{i}$　　　　　　　　　　D. $\dfrac{1}{2}+\dfrac{3}{2}\mathrm{i}$

2. 已知 $-2+\mathrm{i}$ 是实系数一元二次方程 $x^2-px+q=0$ 的一个根，则 $|p\mathrm{i}+q|=$ ＿＿＿＿＿＿＿＿．

3. 在复数范围内分解因式：$x^2+8=$ ＿＿＿＿＿＿＿＿＿＿＿＿＿＿＿＿＿＿．

4. 若复数 z 满足方程 $z+|z|=1+3\mathrm{i}$，则 $z=$ ＿＿＿＿＿＿＿＿．

5. 已知关于 x 的实系数一元二次方程 $ax^2+bx+c=0$ 有两个虚根 x_1，x_2，且 $(1-3a\mathrm{i})\mathrm{i}=c-\dfrac{a}{\mathrm{i}}$，$|x_1-x_2|=1$，求出 b 的值．

点亮智慧

三年级二班的学生到公园去春游，公园门口到中心草坪有两条路，他们分成甲、乙两组，各探索一条路．以公园门口为原点 O 作复平面，以 $1\,\mathrm{m}$ 为单位长度，中心草坪的坐标为 $M(-200,300)$，甲组学生需要经过 $E(100,100)$，乙组学生需要经过 $F(-300,200)$．

（1）请分别求出甲、乙两组学生的路程；

（2）请求出甲、乙两组学生所走路线包围的面积．

本章能力闯关

A 组

一、选择题

1. 若复数 $z=-3i$，则 $\bar{z}=$（　　）.
   A．-3　　　　B．$-3i$　　　　C．$3i$　　　　D．3

2. 复数 $z=\sin\dfrac{\pi}{6}+i\cos\dfrac{\pi}{6}$ 对应的点位于复平面的（　　）.
   A．第一象限　　B．第二象限　　C．第三象限　　D．第四象限

3. 设复数 $z_1=2-2i$，$z_2=4-6i$，则 $z_1+z_2=$（　　）.
   A．$-4+2i$　　B．$6+8i$　　C．$2+4i$　　D．$6-8i$

4. 设复数 $z_1=1-3i$，$z_2=2-i$，则 $z_1z_2=$（　　）.
   A．$5-7i$　　B．$-1-7i$　　C．$-1+6i$　　D．$2+10i$

5. 若复数 $z=m+6+(m-3)i$ 是纯虚数，则实数 $m=$（　　）.
   A．3　　　　B．-3　　　　C．6　　　　D．-6

6. 复数 $\dfrac{3-i}{1-i}=$（　　）.
   A．$1+2i$　　B．$1-2i$　　C．$2+i$　　D．$2-i$

7. 关于复数 z，下列说法正确的是（　　）.
   A．$|z|^2=z^2$
   B．$|z|^2=|z^2|$
   C．$|z-\bar{z}|=2|z|$
   D．$|z+\bar{z}|=2|z|$

二、填空题

1. $(10+i)-(5+2i)=$ ＿＿＿＿＿＿．

2. 复数 $i^2(1+i)$ 的实部是 ＿＿＿＿＿＿．

3. 设复数 $z_1=1+2i$，$z_2=2-4i$，则 $\dfrac{z_1}{z_2}=$ ＿＿＿＿＿＿．

4. 已知向量 $\overrightarrow{AB}$ 对应的复数为 $1+i$，若点 A 对应的复数为 $1+3i$，则点 B 对应的复数为 ＿＿＿＿＿＿．

三、解答题

1. 计算下列各式.

（1）$z_1=(3+5i)(5+i)$；

（2）$z_2=\dfrac{2-i}{3+i}$；

（3）$z_3 = \dfrac{1}{i^2}$；

（4）$z_4 = \dfrac{2}{i}$.

2. 若 $z = 2+i$，求下列各式.

（1）z^2；

（2）z^4；

（3）$\dfrac{z}{\bar{z}}$；

（4）$\dfrac{\bar{z}}{z}$.

B 组

一、选择题

1. 已知关于 z 的实系数一元二次方程 $z^2 + 5z + m = 0$ 的两个根满足 $|z_1 - z_2| = 3$，则 $m = $（　　）.

  A. 4   B. $\dfrac{17}{2}$ C. $-\dfrac{17}{2}$ D. 4 或 $\dfrac{17}{2}$

2. 若 z 为复数，则 z^2（　　）.

  A. 一定是非负实数或虚数   B. 一定是负数或虚数

  C. 一定是虚数   D. 有可能是正数

二、填空题

1. 若 $(1+i)z = 2i$，则 $z = $ _____ .

2. 若复数 $z = 3(a+3i) - (-1+2i)$ $(a \in \mathbf{R})$ 的实部与虚部相等，则 $a = $ _____ .

3. 若 $1 - \sqrt{2}i$ 是关于 x 的实系数一元二次方程 $x^2 + bx + c = 0$ 的一个根，则 $c = $ _____ .

4．若 $\dfrac{2}{1-\mathrm{i}} = a + b\mathrm{i}$，则 $a+b=$ _____．

三、解答题

1．在实数集中解下列实系数一元二次方程．

（1）$2x^2 - 4x + 5 = 0$；　　　　　　　　（2）$x^2 - 4x + 13 = 0$．

2．已知复数 $z = m^2 - m + (m+3)\mathrm{i}\,(m \in \mathbf{R})$ 在复平面内对应点 Z．

（1）若 $m=2$，求 $z\overline{z}$；　　　　　　　（2）若点 Z 在直线 $y=x$ 上，求 m 的值．

第16章　排列组合

知识导图

本章知识导图如图 16-1 所示.

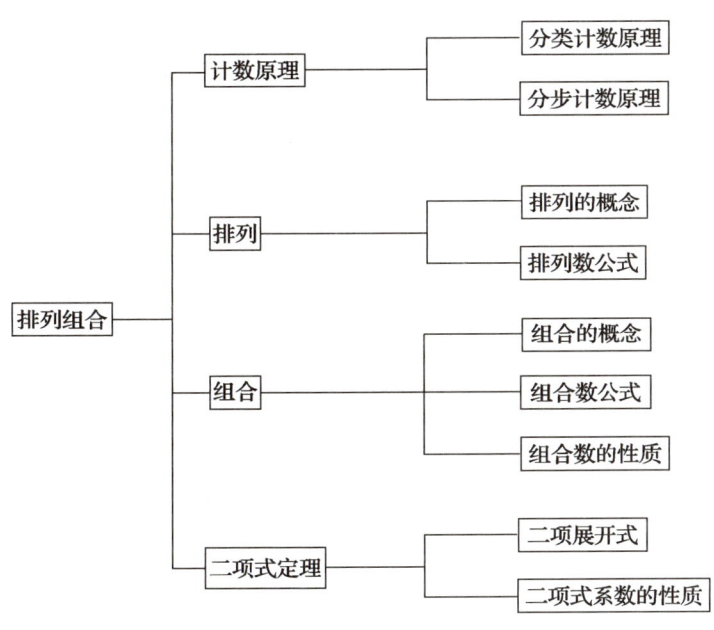

图 16-1

16.1 计数原理

16.1.1 分类计数原理

知识要点回顾

若完成一件事有 n 类方式，在第一类方式中有 k_1 种不同的方法，在第二类方式中有 k_2 种不同的方法，…，在第 n 类方式中有 k_n 种不同的方法，那么完成这件事共有 $N = $ _____（种）不同的方法．这种计数原理称为_____，又称为_____．

例题强化解析

例1 甲班有三好学生 8 人，乙班有三好学生 6 人，丙班有三好学生 9 人．在这 3 个班中任意选一名三好学生，出席市三好学生表彰会，有多少种不同的选法？

解： 要在这 3 个班中任选一名三好学生，有三种选法：第一种是从甲班选一名，第二种是从乙班选一名，第三种是从丙班选一名．无论从哪个班选，都能独立完成这件事．因此，根据分类计数原理，有 $N = 8 + 6 + 9 = 23$（种）不同的选法．

【名师点睛】 本题主要考查用分类计数原理计算完成一件事的方法总数．

变式体验1 某班有 3 名舞蹈爱好者，8 名音乐爱好者，从中选一名作为文艺委员，不同的选法有_____种．

重点实战演练

A 组

1. 一个不透明的袋子中有 2 个红球，4 个白球，5 个黑球，且每个球都有不同编号．现从袋子中任意取一个球，共有（　　）取法．

   A. 6 种 　　　　　　　　B. 9 种
   C. 11 种 　　　　　　　　D. 40 种

2. 从甲地到乙地，可以乘汽车、火车或者轮船，已知每天有汽车 10 班，火车 6 班，轮船 2 班，那么，一天中从甲地到乙地共有（　　）不同的走法．

   A. 10 种 　　　　　　　　B. 12 种
   C. 16 种 　　　　　　　　D. 18 种

3. 某单位组织员工义务献血，在体检合格的人中，16 人的血型是 O 型，10 人的血型是 A 型，8 人的血型是 B 型，4 人的血型是 AB 型．若从中任意选一人去献血，则有（　　）不同的选法．

   A. 8 种 　　　　　　　　　B. 16 种
   C. 38 种 　　　　　　　　D. 48 种

4．一次读书活动中，若要从 8 本不同的文学书和 10 本不同的科普书中任意选一本，则有（　　）不同的选法．

  A．8 种   B．10 种   C．18 种   D．20 种

5．某学校体育场南侧有 2 个门，北侧有 3 个门，一个学生到该体育场跑步，共有_____种不同入场方法．

B 组

小红计划用 70 元购买两种价格分别为 20 元/盒和 30 元/盒的水彩笔．若她至少要购买一盒，则共有多少种不同的买法？

16.1.2 分步计数原理

知识要点回顾

若完成一件事需要分成 n 个步骤，完成第 1 个步骤有 k_1 种方法，完成第 2 个步骤有 k_2 种方法，…，完成第 n 个步骤有 k_n 种方法，并且只有这 n 个步骤都完成后，这件事才能完成，那么完成这件事共有 $N=$ _____（种）方法．这种计数原理称为_____，又称为_____．

例题强化解析

例 2 现有 6 件不同款式的上衣和 4 条不同颜色的裤子，若 1 条裤子和 1 件上衣配成一套衣服，则共有_____种不同的配套方法．

解：解决这个问题需要分成两个步骤：第一步，取 1 件上衣，有 6 种取法；第二步，取 1 条裤子，有 4 种取法．因此，根据分步计数原理，共有 $N=6\times 4=24$（种）不同的配套方法．

【名师点睛】 本题考查用分步计数原理计算完成一件事的方法总数．

变式体验 2 某地生态园有 4 个出入口，若某游客从任意一个出入口进入，并从另外 3 个出入口之一走出，则进出生态园有_____种方法．

重点实战演练

A 组

1. 某班拟从 4 名男生和 5 名女生中，各选一人参加读书活动，共有（   ）不同的选法．
   A．9 种　　　　B．16 种　　　　C．20 种　　　　D．25 种

2. 一个不透明的袋子中有 2 个红球、4 个白球和 5 个黑球，且每个球都有不同编号．现从袋子中取不同颜色的球各一个，共有（   ）不同的取法．
   A．6 种　　　　B．9 种　　　　C．11 种　　　　D．40 种

3. 图书馆某一书架上有 3 本数学书、5 本语文书和 2 本外语书，若需要从书架上取数学书、语文书、外语书各一本，则共有（   ）不同的取法．
   A．10 种　　　　B．15 种　　　　C．21 种　　　　D．30 种

4. 某校茶艺技能小组共有 6 名成员，现从中选出正组长和副组长各一名，共有（   ）不同的选法．
   A．6 种　　　　B．12 种　　　　C．30 种　　　　D．36 种

5. 甲班有三好学生 8 人，乙班有三好学生 6 人，丙班有三好学生 9 人．在这三个班中各选一名三好学生，出席市三好学生表彰会，共有（   ）不同的选法．
   A．23 种　　　　B．48 种　　　　C．72 种　　　　D．432 种

6. 若 $A \in \{1,2,3\}$，$B \in \{3,4,5\}$，$Ax + By = 0$，则可以确定的直线有（   ）．
   A．3 条　　　　B．6 条　　　　C．9 条　　　　D．27 条

B 组

1. 若将甲、乙、丙、丁 4 个人安排在 3 个不同的岗位上实习（各岗位不限人数），则共有（   ）不同的安排方法．
   A．81 种　　　　B．64 种　　　　C．18 种　　　　D．12 种

2. 若需从 4 种蔬菜中选出 3 种，分别将其种植在 3 块土质不同的土地上进行试验，则共有（   ）不同的种植方法．
   A．3 种　　　　B．12 种　　　　C．24 种　　　　D．64 种

3. 若一个密码锁的密码由 4 个数字（允许重复）组成，数字从 1～9 中任取，则可以组成（   ）不同的密码．
   A．11 种　　　　B．36 种　　　　C．729 种　　　　D．6 561 种

16.1.3　计数原理的应用

知识要点回顾

1. 若完成一件事需要分 n 类方式考虑，且这 n 类方式是＿＿＿＿＿＿的，每一类方式中的每一种方法都能＿＿＿＿＿＿这件事，则用分类计数原理．若用分类计数原理，要做到"不重不漏"，＿＿＿＿＿＿后再分别对每一类方法进行计数，最后＿＿＿＿＿＿得到总数．

2. 若完成一件事需要分 n 个步骤考虑，这 n 个步骤相互依存，具有_____，当且仅当这 n 个步骤_____后，这件事才算完成，则用分步计数原理．若用分步计数原理，要做到"步骤完整"，即完成了所有步骤，恰好完成了任务，且步与步之间要相互独立，_____后再计算每一步的方法数，最后把完成每一步的方法数_____得到总数．

例题强化解析

例 3 从 A 城到 B 城的高铁每天有 18 个车次，有一等座、二等座和商务座可供选择；从 A 城到 B 城的飞机每天有 20 个航班，有头等舱、公务舱和经济舱可供选择．从 A 城出发到 B 城，共有多少种购票方法？

解：从 A 城出发到 B 城的购票方法分两类：第一类，买高铁票，有 $N_1=18\times 3=54$（种）购票方法；第二类，买飞机票，有 $N_2=20\times 3=60$（种）购票方法．因此，从 A 城出发到 B 城，共有 $N=N_1+N_2=114$（种）购票方法．

【名师点睛】 此类既需要分类计数又需要分步计数的综合性问题，一般先进行分类计数，再进行分步计数．

变式体验 3 在 1，2，3，5，7 这 5 个数字中，任取 2 个数字组成真分数，共有（　　）取法．

A．5 种　　　B．10 种　　　C．20 种　　　D．25 种

重点实战演练

A 组

1．从 6 名学生中选出 2 名，让其分别担任数学、物理课代表，共有（　　）不同的选法．

A．12 种　　　B．15 种　　　C．20 种　　　D．30 种

2．一个不透明的袋子中有 2 个红球，4 个白球，5 个黑球，且每个球都有不同编号．现从袋子中取两个不同颜色的球各一个，共有（　　）不同的取法．

A．40 种　　　B．38 种　　　C．28 种　　　D．14 种

3．从 1，2，3，4，5 中任取 2 个数字，可以组成（　　）无重复数字的两位偶数．

A．8 个　　　B．12 个　　　C．20 个　　　D．25 个

4．某班拟从 A 组（3 人）和 B 组（7 人）中，选 2 人作为代表参加读书活动，要求 A 组最多有一人当选，共有（　　）不同的选法．

A．90 种　　　B．42 种　　　C．21 种　　　D．10 种

5．由 0，1，2，5 组成比 500 大的无重复数字的三位数，共有（　　）．

A．6 个　　　B．9 个　　　C．16 个　　　D．24 个

6．某景区中有一座山，山的南面有 2 条道路，山的北面有 3 条道路，均可用于游客上山或下山．假设没有其他道路，若某游客计划从山的一面走到山顶后再从另一面下山，则有（　　）路线可供该游客选择．

A．7 种　　　B．12 种　　　C．24 种　　　D．42 种

7. 已知从 A 地到 B 地有 2 条路可走，从 B 地到 C 地有 3 条路可走，从 A 地到 D 地有 4 条路可走，从 D 地到 C 地有 2 条路可走，从 A 地到 C 地共有_____种不同的走法.

8. 某校选定 4 名学生参加 3 项竞赛.

（1）若每名学生必须参赛，且只允许参加一项竞赛，则有多少种参赛方案？

（2）若每项竞赛只允许一名学生参加，则有多少种参赛方案？

B 组

1. 现有 2 名男生和 3 名女生，组织其中 3 人去敬老院打扫卫生，要求必须有男生参加，共有（　　）不同的组织方法.

  A．3 种   B．9 种   C．15 种   D．18 种

2. 将甲、乙、丙、丁 4 人安排在 3 个不同的岗位实习，每个岗位至少分配 1 人，共有（　　）不同的分配方法.

  A．72 种   B．36 种   C．18 种   D．12 种

3. 将各位数字之和为 6 的四位数称为"六和数"（如 2022），则"六和数"中首位数字为 2 的共有（　　）.

  A．15 个   B．12 个   C．9 个   D．6 个

4. 某校一年级的 3 个班级到甲、乙、丙、丁 4 个工厂进行社会实践．其中甲工厂必须有班级去，每个班级去哪个工厂可自由选择，共有多少种不同的分配方案？

5. 由 0，1，3，4，5 组成的无重复数字的五位偶数共有多少个？

  点亮智慧

　　算盘是中国传统的计算工具，由春秋时期的算筹逐渐演变而来，是中国古代的一项重要发明．算盘多为木制，其矩形木框内排列着一串串等数的算珠，一列算珠由一直柱贯穿串起，该直柱被称为档．算盘一般有 9 档、11 档或 13 档．算盘有一道横梁把算珠分为上下两部分：横梁上部分每档有两颗算珠，称为上珠，一颗上珠代表数字 5；横梁下部分每档有 5 颗算珠，称为下珠，一颗下珠代表数字 1．例如，在十位档拨一颗上珠和一颗下珠，个位档拨一颗上珠，表示数字 65．

　　若在算盘的个、十、百、千位档中，任意拨一颗上珠，再在其余 3 个档位随机选 2 个档位各拨一颗下珠，则所拨数字中大于 200 的数字有多少个？

16.2 排列与组合

16.2.1 排列与排列数

知识要点回顾

1. 通常将被选取的对象称为_____．从 n 个不同元素中任取 $m\,(m\leqslant n)$ 个元素，按照_____排成一列，称为从 n 个不同元素中取出 m 个元素的_____． $m<n$ 时的排列，称为_____， $m=n$ 时的排列，称为_____．

2. 两个排列相同的充要条件为两个排列的_____完全相同,且排列的_____也完全相同.

3. 将从 n 个不同元素中任取 $m(m \leqslant n)$ 个元素所组成的不同排列的个数,称为从 n 个不同元素中取出 m 个元素的_____,用符号 A_n^m 表示. $A_n^m =$ _____ $(n, m \in \mathbf{N}^+, m \leqslant n)$ 称为排列数公式. 当 $m < n$ 时, $A_n^m =$ _____.

4. 正整数 1 到 n 的连乘积称为 n 的阶乘,用 $n!$ 表示, $n! =$ _____. 规定: $0! =$ _____.

例题强化解析

例 4 某一实验中需要先后实施 6 个程序,其中程序 A 只能出现在第一步或最后一步,程序 B 和 C 实施时必须相邻,则该实验程序共有( )安排方法.

A. 24 种   B. 48 种   C. 96 种   D. 144 种

解:该实验程序需要分三步进行安排:第一步,安排程序 A,有 2 种安排方法;第二步,程序 B 和 C 实施时必须相邻,采用捆绑法,即将程序 B 和 C 看作一个整体,程序 B,C 有 A_2^2 种安排方法;第三步,B 和 C 整体与剩余的 3 个程序有 A_4^4 种安排方法. 所以该实验程序共有 $N = 2 \times A_2^2 \times A_4^4 = 96$(种)安排方法. 因此,本题选 C.

【名师点睛】 当题目中存在有特殊要求的元素时,可优先考虑有特殊要求的元素,再考虑其他元素.

变式体验 4 从 0,1,2,3,4 中任取 4 个数字,可组成( )无重复数字的四位偶数.

A. 24 个   B. 36 个   C. 48 个   D. 60 个

例 5 在某次训练中,有甲、乙、丙、丁、戊、己 6 架舰载机准备着舰,若甲、乙都不在第一位着舰,则共有多少种着舰顺序?

解:6 架舰载机着舰有 A_6^6 种着舰顺序,其中甲或乙在第一位着舰的有 $2A_5^5$ 种,所以符合要求的着舰顺序有 $N = A_6^6 - 2A_5^5 = 480$(种).

【名师点睛】 解决此类问题,可使用排除法,即先不考虑特殊要求,计算出排列数,再减去不符合特殊要求的排列数.

变式体验 5 甲、乙、丙、丁、戊 5 个人站成一排拍照,若甲、乙不相邻,则共有( )不同的排法.

A. 72 种   B. 64 种   C. 48 种   D. 24 种

重点实战演练

A 组

1. 若 $A_n^2 = 42$,则 $n = $( ).

A. 6   B. 7   C. 8   D. 9

2. $90 \times 89 \times \cdots \times 72 = $（　　）．

　　A．A_{90}^{17}　　　　B．A_{90}^{18}　　　　C．A_{90}^{19}　　　　D．A_{90}^{20}

3. 若甲、乙、丙、丁 4 个人站在一排，则共有（　　）不同的排法．

　　A．4 种　　　　B．6 种　　　　C．12 种　　　　D．24 种

4. 11 位学生排队照相，若第一排有 5 人，第二排有 6 人，则共有（　　）种不同的排法．

　　A．A_{11}^{11}　　　　B．$A_{11}^{5}A_{11}^{6}$　　　　C．$A_{11}^{5}+A_{11}^{6}$　　　　D．$A_{11}^{5}+A_{6}^{6}$

5. 某班举行联欢会，原定的 5 个节目已经排出节目单，演出前又增加 2 个节目．若将这 2 个节目插入原节目单中，则共有（　　）不同的插入方法．

　　A．42 种　　　　B．36 种　　　　C．30 种　　　　D．20 种

6. 一个晚会有 5 个舞蹈节目和 3 个歌曲节目，若歌曲节目不能排在第一个，则共有（　　）种不同的排法．

　　A．A_{8}^{8}　　　　B．$A_{5}^{1}A_{7}^{7}$　　　　C．$A_{5}^{5}A_{3}^{3}$　　　　D．$A_{8}^{1}A_{7}^{7}$

7. 计算下列各式．

　　（1）$A_{3}^{1}+A_{3}^{2}+A_{3}^{3}$；

　　（2）$\dfrac{A_{6}^{6}-5A_{5}^{5}-4A_{4}^{4}}{A_{4}^{4}}$．

8. 0，1，2，3，4，5 这 6 个数字可组成不同的数字．

　　（1）可组成多少个不同的自然数？

　　（2）可组成多少个无重复数字的五位奇数？

　　（3）可组成多少个无重复数字且能被 5 整除的五位数？

　　（4）可组成多少个无重复数字且大于 31 250 的五位数？

B 组

1. 有 5 名学生与 2 名老师,站成一排照相.若 2 名老师不能站在相邻位置,则共有（   ）种不同的排法.

  A．$A_5^2 A_2^2$ B．$A_7^7 - A_2^2 A_6^6$ C．$A_7^7 - A_6^6$ D．$A_5^5 A_7^2 A_2^2$

2. 将 5 种产品摆成一排,若其中产品 A 与产品 B 相邻,但产品 A 与产品 C 不相邻,则共有（   ）不同的摆法.

  A．48 种   B．36 种   C．24 种   D．14 种

3. 计划展出 10 幅不同的画,它们分别为 1 幅水彩画、4 幅油画和 5 幅国画,将其排成一列,要求同一种画必须连在一起,且水彩画不放在两端,那么共有（   ）种不用的排列方式.

  A．$A_4^4 A_5^5$ B．$A_3^3 A_4^4 A_5^5$ C．$A_3^1 A_4^4 A_5^5$ D．$A_2^2 A_4^4 A_5^5$

4. 现有 3 名女生,2 名男生拍照.

（1）若 2 名男生必须相邻,则共有多少种不同的排法?

（2）若 2 名男生不相邻,则共有多少种不同的排法?

（3）若 3 名女生和 2 名男生相间排列,则共有多少种不同的排法?

（4）若 2 名男生站在两端,则共有多少种不同的排法?

（5）若站成两排,前排有 2 人,后排有 3 人,则共有多少种不同的排法?

（6）若站成两排,2 名男生站在前排,3 名女生站在后排,则共有多少种不同的排法?

16.2.2 组合与组合数

知识要点回顾

1. 组合与元素的_____无关,只要两个组合的元素相同,不论元素的顺序如何,都是相同的组合.

2. 将从 n 个不同元素中任取 $m(m \leqslant n)$ 个元素所组成的组合的个数称为从 n 个不同元素中取出 m 个元素的_____,用符号 C_n^m 表示. $C_n^m =$ _____

$(n, m \in \mathbf{N}^+, m \leqslant n)$，称为组合数公式，$C_n^n = $ _____，$C_n^0 = $ _____．组合数公式也可写作 $C_n^m = $ _____．

3．组合数的性质如下．

性质1：$C_n^m = $ _____$(m \leqslant n)$．

性质2：$C_{n+1}^m = $ _____$(m \leqslant n)$．

例题强化解析

例 6 某校新闻社团有9名记者，其中有6名女生．现在需要从全部记者中选出3人承担技能节的宣传报道工作．

（1）共有多少种不同的选人方法？

（2）若选出的3人中社长在内，则共有多少种不同的选人方法？

（3）若选出的3人中至少有一名男生，则共有多少种不同的选人方法？

解：（1）从9人中选出3人，共有 $N_1 = C_9^3 = 84$（种）不同的选人方法．

（2）选出的3人中社长在内，共有 $N_2 = C_8^2 = 28$（种）不同的选人方法．

（3）适用排除法，选出的3人中没有男生，有 $N_3 = C_6^3 = 20$（种）不同选人方法，因此选出的3人中至少有一名男生，共有 $N_4 = N_1 - N_3 = 64$（种）不同的选人方法．

【名师点睛】 当所求问题对元素的顺序没有要求时，所求的是组合数．

变式体验6 某小组由3名女生和7名男生组成，现从中选出2人做代表去参加会议．如果要求最多有一名女生当选，那么共有（　　）种不同的选法．

A．C_{10}^2 B．$C_7^1 C_3^1$ C．C_7^2 D．$C_{10}^2 - C_3^2$

重点实战演练

A 组

1．若 $C_{10}^{n-2} = C_{10}^7$，则 $n = $（　　）．

A．9 B．5 C．5或9 D．以上都不对

2．若 $C_7^2 + C_7^3 = C_8^x$，则 $x = $（　　）．

A．3 B．5 C．3或5 D．1或3

3．若从 n 个不同的元素中取出2个元素，有10种可能性，则 $n = $（　　）．

A．5 B．6 C．7 D．8

4．某医院从7名医生中选出2名去参加社区健康咨询活动，共有（　　）不同的选法．

A．7种 B．14种 C．21种 D．18种

5．某班级有40名学生，若从中任意选取5名学生，其中正、副班长有且只有一人在内的选法有（　　）种．

A．C_{40}^5 B．C_{38}^3 C．$C_{40}^5 - C_{38}^5$ D．$C_2^1 C_{38}^4$

6. 12个人分成2队进行排球比赛，每队6个人，共有（　　）种不同的分法．

A. $\dfrac{1}{2}C_{12}^{6}$ B. C_{12}^{6} C. $2C_{12}^{6}$ D. A_{12}^{6}

7. 计算下列各式．

（1）$C_{5}^{3}A_{4}^{4}$；

（2）$C_{2\,022}^{0}$；

（3）$C_{12}^{4}-C_{10}^{4}$；

（4）$C_{2\,022}^{2\,022}$．

B 组

1. 有 11 个队伍参加的篮球比赛分成两个阶段进行．第一阶段将所有队伍分成 2 个小组，第一小组有 5 个队伍，第二小组有 6 个队伍，各组内进行单循环比赛，即每两个队伍进行一场比赛．第二阶段各组的前两名队伍进行单循环比赛，确定冠军、亚军，共需要进行多少场比赛？

2. 要从 12 人中选出 4 人去参加奥数竞赛．

（1）若甲、乙必须参加，则共有多少种不同的选法？

（2）若甲、乙两人都不能参加，则共有多少种不同的选法？

（3）若甲、乙两人中至少有一人参加，则共有多少种不同的选法？

3．从甲、乙所在班级的 50 名学生中，选取 3 名学生去参加英语竞赛．

（1）共有多少种不同的选取方法？

（2）若选取的 3 名学生中恰好有甲、乙中的一人，则共有多少种不同的选取方法？

（3）若选取的 3 名学生中至少有甲、乙中的一人，则共有多少种不同的选取方法？

16.2.3 排列组合的应用

知识要点回顾

1．由排列与组合的定义可知，两者都是_____，这是排列与组合的共同点；它们的不同点是排列与元素的_____有关，只有元素相同且_____也相同的两个排列才是相同的．

2．组合是_____的结果，排列是选择后再_____的结果．

例题强化解析

例 7 从甲、乙、丙等 8 位老师中选派 4 位分别去 4 个支教点支教，每个支教点分配一位老师．若甲、乙必须去，但丙不去，则共有多少种不同的分配方案？

解： 分两步：第一步，先选甲、乙，再从除甲、乙、丙外的 5 位老师中选出 2 位，有 C_5^2 种；第二步对选出的 4 位老师进行全排列，有 A_4^4 种．因此，共有 $N = C_5^2 A_4^4 = 240$（种）不同的分配方案．

【名师点睛】 这是排列与组合的综合问题，解决此类问题的常用方法是，先选出元素（组合），再根据要求进行排列，可优先考虑有特殊要求的元素．

变式体验 7 某小组由 5 名男生和 4 名女生组成，从中选出 3 名男生和 2 名女生去完成不同的工作，共有_____种不同的选法．

方法提炼点拨

排列、组合问题的常见解法：① 先选后排法（适用于排列和组合综合问题）；② 捆绑法（适用于相邻问题）；③ 特殊元素、特殊位置优先安排法；④ 排除法.

重点实战演练

A 组

1. 一个不透明的袋子中有 5 个红球，3 个白球，且每个球都有不同编号. 现从袋子中取 2 个红球，2 个白球，共有（　　）取法.

　　A．10 种　　　　B．20 种　　　　C．30 种　　　　D．40 种

2. 现有 4 名学生和 2 名老师站在一起拍照，若要求 2 名老师必须站在一起，则共有（　　）种不同的排法.

　　A．A_6^6　　　　B．A_5^5　　　　C．$A_5^5 A_2^2$　　　　D．$2A_4^4$

3. 全班 48 名学生坐成 6 排，每排 8 人，排法总数为 P. 若全班排成 2 排，每排 24 人，排法总数为 Q，则（　　）.

　　A．$P > Q$　　　　B．$P = Q$　　　　C．$P < Q$　　　　D．不能确定

4. 12 名学生分别到 3 个不同的路口进行车流量的调查，若每个路口 4 名学生，则共有（　　）种不同的分配方案.

　　A．$C_{12}^4 C_8^4 C_4^4$　　　B．$3C_{12}^4 C_8^4 C_4^4$　　　C．$C_{12}^4 C_8^4 C_4^4 A_4^4$　　　D．$\dfrac{C_{12}^4 C_8^4 C_4^4}{A_4^4}$

5. 若从 5 名男生中选 3 人，4 名女生中选 2 人排成一排，则共有（　　）种不同的排法.

　　A．$A_5^3 A_4^2$　　　B．$A_5^3 A_4^2 A_5^5$　　　C．$C_5^3 C_4^2$　　　D．$C_5^3 C_4^2 A_5^5$

6. 某商场准备了 5 份不同的礼品，并将其全部放入 4 个不同的彩袋中. 若每个彩袋至少放一份礼品，则共有（　　）种不同的放法.

　　A．$C_5^1 A_4^4$　　　B．$A_4^4 C_6^1$　　　C．$C_5^2 A_4^4$　　　D．$C_5^1 C_4^1 A_4^3$

7. 现组织一场足球比赛，有 16 支男子足球队参加.

（1）若每两个队要进行一场比赛，共需要安排多少场比赛？

（2）若实行主客场制（两支球队各在自己的主场进行一场比赛），共需要安排多少场比赛？

B 组

1. 甲、乙等 5 人站成一排拍照，若甲不站排头，乙不站排尾，则共有（　　）种不同的排法．

   A．$A_5^5 - 2A_4^4 + A_3^3$　　B．$C_4^1 C_3^1 A_3^3$　　C．$C_4^1 C_4^1 A_3^3$　　D．$A_5^5 - 2A_4^4$

2. 某医院有内科医生 12 名，外科医生 8 名，现要选派 5 名医生参加赈灾活动．

   （1）若某内科医生必须参加，且某外科医生不能参加，则共有几种选法？

   （2）若至少有一名内科医生和一名外科医生参加，则共有几种选法？

3. 某工厂将甲、乙等 5 名新招聘的员工分配到 3 个不同的车间，每个车间至少分配一名员工，且甲、乙两名员工必须分配到一个车间，则共有多少种不同的分法？

点亮智慧

汉代数学家赵爽在注解《周髀算经》时给出的"赵爽弦图"（见图 16-2）是我国古代数学的瑰宝．"赵爽弦图"由 4 个全等的直角三角形和 1 个正方形构成，现在有 5 种不同的颜色可供涂色，要求相邻的区域不能用同一颜色，那么共有多少种不同的涂色方法？

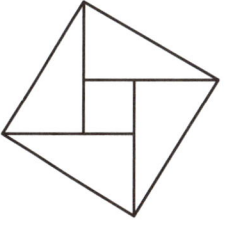

图 16-2

16.3 二项式定理

16.3.1 二项式定理的推导

知识要点回顾

二项式定理：对于任意实数 a，b 和任意正整数 n，有 $(a+b)^n = $ _____
_____．该式右边的多项式称为_____，共有 $n+1$ 项，其中每一项的系数 C_n^m ($m=0,1,2,\cdots,n$) 称为该项的_____，第 $m+1$ 项称为_____，记作 T_{m+1}，即 $T_{m+1} = $ _____．

例题强化解析

例 8 若 $\left(x + \dfrac{a}{\sqrt{x}}\right)^6$ ($a>0$) 的二项展开式中，常数项为 240，则 $(x+a)(x-2a)^2$ 的二项展开式中 x^2 的系数为_____．

解：由题意可知，$\left(x + \dfrac{a}{\sqrt{x}}\right)^6$ 的通项为 $T_{m+1} = C_6^m x^{6-m} \left(\dfrac{a}{\sqrt{x}}\right)^m = C_6^m a^m x^{6-\frac{3}{2}m}$，令 $6 - \dfrac{3}{2}m = 0$，解得 $m=4$．因为常数项是 240，所以 $C_6^4 a^4 = 15a^4 = 240$，由 $a>0$，解得 $a=2$．$(x+a)(x-2a)^2$ 的二项展开式中含 x^2 的项为 $-3ax^2$，所以 x^2 的系数为 -6．

【名师点睛】 本题考查了二项式的通项公式，要熟练掌握并应用．

变式体验 8 求 $\left(2\sqrt{x} - \dfrac{1}{\sqrt{x}}\right)^6$ 的二项展开式中的常数项．

重点实战演练

A 组

1. $\left(x+\dfrac{1}{x}\right)^5$ 的二项展开式的项数为（　　）.

   A．4　　　　B．5　　　　C．6　　　　D．7

2. $(x-1)^7$ 的二项展开式中第 4 项为（　　）.

   A．$C_7^4 x^3$　　B．$-C_7^4 x^3$　　C．$C_7^3 x^4$　　D．$-C_7^3 x^4$

3. $(x+2y)^6$ 的二项展开式中第 3 项的系数为（　　）.

   A．15　　　　B．30　　　　C．60　　　　D．120

4. $(x+2)^8$ 的二项展开式中含 x^6 的项的二项式系数为（　　）.

   A．16　　　　B．28　　　　C．56　　　　D．112

5. $\left(\sqrt{x}-\dfrac{1}{x}\right)^9$ 的二项展开式中的常数项为（　　）.

   A．-36　　　　B．36　　　　C．-84　　　　D．84

6. $\left(x-\dfrac{2}{x}\right)^9$ 的二项展开式中的第 4 项为_____，第 4 项的二项式系数为_____，第 4 项的系数为_____．

7. $(1-2x)^8$ 的二项展开式中含 x^4 的项的系数为_____．

8. 写出 $(a+2b)^6$ 的二项展开式．

9. 求 $\left(\dfrac{x}{2}-\dfrac{1}{\sqrt[3]{x}}\right)^8$ 的二项展开式中的常数项．

B 组

1. 若 $(1+ax)^7$ 的二项展开式中，含 x^2 的项的系数为 b_2，含 x^3 的项的系数为 b_3，含 x^5 的项的系数为 b_5，且 $\dfrac{b_3}{b_2}=\dfrac{b_5}{b_3}$，则 $a=$（　　）．

   A. $\dfrac{\sqrt{10}}{5}$ 　　　　B. $\dfrac{5}{3}$ 　　　　C. $\dfrac{25}{9}$ 　　　　D. $\dfrac{25}{3}$

2. 若 $\left(\sqrt[3]{x}-\dfrac{2}{3}\right)^n$ 的二项展开式中，含 $\sqrt[3]{x}$ 的项是第 8 项，则含 x 的项是第（　　）项．

   A. 5 　　　　B. 8 　　　　C. 10 　　　　D. 11

3. 已知 $\left(x-\dfrac{1}{\sqrt{x}}\right)^n$ 的二项展开式中，第 3 项的系数是 36，求：

   （1）n 的值；　　　　　　　　　　　　（2）含 x^3 的项．

16.3.2　二项式系数的性质

知识要点回顾

1. 对于 n 取不同值时的二项式 $(a+b)^n$，每个二项展开式与首末两端_____的两个二项式系数相等．

2. 如果二项式 $(a+b)^n$ 的幂指数 n 是偶数，那么它的二项展开式_____的二项式系数最大；如果二项式 $(a+b)^n$ 的幂指数 n 是奇数，那么它的二项展开式_____的二项式系数相等且最大．

3. 二项式 $(a+b)^n$ 的二项展开式的各个二项式系数之和为_____．

例题强化解析

例 9 已知 $(3x-4)^{2017}$，其二项展开式中各项系数的和为_____．

解：令 $x=1$，则各项系数的和为 $(-1)^{2017}=-1$．

【名师点睛】　求二项展开式中各项系数和的问题一般用赋值法，即令未知数为 1，0 或 –1，然后求解．

变式体验9 已知 $(1-2x)^9 = a_0 + a_1x + a_2x^2 + \cdots + a_9x^9$，那么 $a_1 + a_2 + \cdots + a_9 =$ _____.

例10 若 $\left(\sqrt{x} + \dfrac{2}{x}\right)^n$ 的二项展开式中，只有第 4 项的二项式系数最大，求该二项展开式中的常数项.

解：因为二项式系数最大的项为中间项，所以该二项式共有 7 项，即 $n = 6$.

该二项式的通项为 $T_{m+1} = C_6^m (\sqrt{x})^{6-m} \left(\dfrac{2}{x}\right)^m = C_6^m 2^m x^{\frac{6-3m}{2}}$，令 $\dfrac{6-3m}{2} = 0$，解得 $m = 2$，所以二项展开式中的常数项为 $C_6^2 \times 2^2 = 60$.

【名师点睛】 本题考查二项式系数的性质，先由此求出 n，再利用二项式的通项公式求出所求的项.

变式体验10 求 $(x - 2y)^{10}$ 的二项展开式中二项式系数最大的项，并指出该项的二项式系数.

重点实战演练

A 组

1. 若 $\left(x - \dfrac{1}{x}\right)^n$ 的二项展开式中二项式系数之和为 128，则 $n = ($ 　　$)$.

   A. 6　　　　　B. 7　　　　　C. 8　　　　　D. 9

2. 若 $(x+y)^n$ 的二项展开式中，第 3 项和第 8 项的二项式系数相等，则 $n = ($ 　　$)$.

   A. 9　　　　　B. 10　　　　　C. 11　　　　　D. 12

3. $(a-b)^{15}$ 的二项展开式中，二项式系数最大的项是第 ($ 　　$) 项.

   A. 7　　　　　B. 8　　　　　C. 7, 8　　　　　D. 8, 9

4. 若 $(2x+5)^n$ 的二项展开式中所有项的二项式系数之和是 128，则该二项展开式有 ($ 　　$) 项.

   A. 6　　　　　B. 7　　　　　C. 8　　　　　D. 9

5. 在 $(1-3x)^6$ 的二项展开式中，所有项的系数之和是 ($ 　　$).

   A. 64　　　　　B. 128　　　　　C. -64　　　　　D. -128

6. $\left(\sqrt{\dfrac{1}{x}}+\sqrt{\dfrac{1}{x^3}}\right)^n$ 的二项展开式中，所有奇数项的二项式系数之和为 1 024，则中间项的二项式系数是（   ）．

  A．462   B．330   C．682   D．792

7. 若 $(1-2x)^{2\,005}=a_0+a_1x+a_2x^2+\cdots+a_{2\,005}x^{2\,005}(x\in\mathbf{R})$，则 $(a_0+a_1)+(a_0+a_2)+(a_0+a_3)+\cdots+(a_0+a_{2\,005})=$ _____．

8. 已知 $\left(\sqrt{x}-\dfrac{2}{\sqrt[3]{x^2}}\right)^n$ 的二项展开式中，所有偶数项的二项式系数之和 256，求该二项展开式中含 x 项的系数．

B 组

1. 已知 $(3x-4)^4=a_0+a_1x+a_2x^2+a_3x^3+a_4x^4$，求：

 （1） a_0；   （2） $a_1+a_2+a_3+a_4$．

2. 求证：对任意非负整数 n，$3^{3n}-26n-1$ 可被 676 整除．

点亮智慧

我国南宋数学家杨辉在 1261 年所著的《详解九章算法》一书中，给出了如图 16-3 所示的三角形数表（现在称之为杨辉三角），并说明此表引自北宋数学家贾宪的《释锁算术》. 因此，杨辉三角又被称为"贾宪三角". 观察图 16-3 中二项展开式与杨辉三角之间的关系，请写出 $(a+b)^5$ 的二项展开式.

$$
\begin{array}{ll}
1 & (a+b)^0 = 1 \\
1\ \ 1 & (a+b)^1 = a+b \\
1\ \ 2\ \ 1 & (a+b)^2 = a^2 + 2ab + b^2 \\
1\ \ 3\ \ 3\ \ 1 & (a+b)^3 = a^3 + 3a^2b + 3ab^2 + b^3 \\
1\ \ 4\ \ 6\ \ 4\ \ 1 & (a+b)^4 = a^4 + 4a^3b + 6a^2b^2 + 4ab^3 + b^4 \\
1\ \ 5\ \ 10\ \ 10\ \ 5\ \ 1 & (a+b)^5 = ?
\end{array}
$$

图 16-3

本章能力闯关

A 组

一、选择题

1. 由数字 1，2，3，4 组成的三位数有（　　）个.

   A. C_4^3　　　　B. $C_4^3 A_3^3$　　　　C. A_3^3　　　　D. 4^3

2. 若 $C_n^2 = 21$，则 $n = $（　　）.

   A. 6　　　　B. 7　　　　C. 8　　　　D. 9

3. 从 3 幅不同的画中选出 2 幅，若分别将其挂在左、右两边的墙上，则共有（　　）种不同的挂法.

   A. 3　　　　B. 5　　　　C. 6　　　　D. 9

4. 选出 6 名男生练习乒乓球男子双打，共有（　　）种不同组队方式.

   A. 11　　　　B. 15　　　　C. 30　　　　D. 60

5. 有两排座位，第一排有 3 个座位，第二排有 5 个座位，现有 8 名学生，每人坐一个座位，共有（　　）种不同的坐法.

   A. A_8^8　　　　B. $C_8^3 A_3^3 + A_5^5$　　　　C. $C_8^5 A_5^5 + A_3^3$　　　　D. $C_8^5 A_5^5 A_3^3$

6. $(a-b)^9$ 的二项展开式中，系数最小的项是第（　　）项.

   A. 1　　　　B. 5　　　　C. 6　　　　D. 10

二、填空题

1. 若 $(x+a)^7$ 的二项展开式中第 4 项的系数为 -280，则 $a=$ _____．

2. $C_6^3 A_2^2 =$ _____．

3. 数字密码由 4 位增至 6 位，可增加 _____ 个新密码．

4. 若 $\left(x-\dfrac{1}{x}\right)^n$ 的二项展开式中第 4 项为含 x^3 的项，则 $n=$ _____．

三、解答题

1. 某停车场有 12 个车位，现有 8 辆车需要停放．

   （1）共有多少种不同的停车方法？

   （2）若需要留 4 个相邻的空车位，则有多少种不同的停车方法？

2. 设 $\left(\dfrac{1}{2}+2x\right)^n$ 的二项展开式中，第 5 项的二项式系数为 a_5，第 6 项的二项式系数为 a_6，第 7 项的二项式系数为 a_7，且 $a_6-a_5=a_7-a_6$，求该二项展开式中二项式系数最大的项．

B 组

一、选择题

1．某天上午共 4 节课，计划排语文课、数学课、体育课和计算机课等 4 门课，其中体育课不排在第一节课，那么这天上午课表共有（　　）种不同排法．

　　A．6　　　　　　B．9　　　　　　C．12　　　　　　D．18

2．计划从 4 名男生和 3 名女生中选出 4 人担任北京奥运会志愿者，若要求选出的 4 人中既有男生又有女生，则共有（　　）种不同选法．

　　A．12　　　　　　B．16　　　　　　C．34　　　　　　D．35

3．$\left(\dfrac{1}{x^2}+1\right)(1+x)^6$ 的二项展开式中 x^2 的系数为（　　）．

　　A．15　　　　　　B．20　　　　　　C．30　　　　　　D．35

二、填空题

1．某一列车在 8 个车站（包括始发站和终点站）之间往返运行，该列车共需要准备_____种车票．

2．$\left(2x^2-\dfrac{1}{x}\right)^6$ 的二项展开式中，常数项为_____．

三、解答题

1．某班计划从 5 名男生和 3 名女生中选出 5 人，让其分别担任 5 门不同学科的课代表，求符合下列要求的选法种数．

（1）所安排女生的人数必须少于男生，且必须有女生；

（2）某女生一定担任语文课代表；

（3）某男生必须在内，且不担任数学课代表．

2．设 $(1+x)^3+(1+x)^4+\cdots+(1+x)^{50}=a_0+a_1x+a_2x^2+\cdots+a_{50}x^{50}$，求 a_3．

第 17 章　随机变量及其分布

本章知识导图如图 17-1 所示.

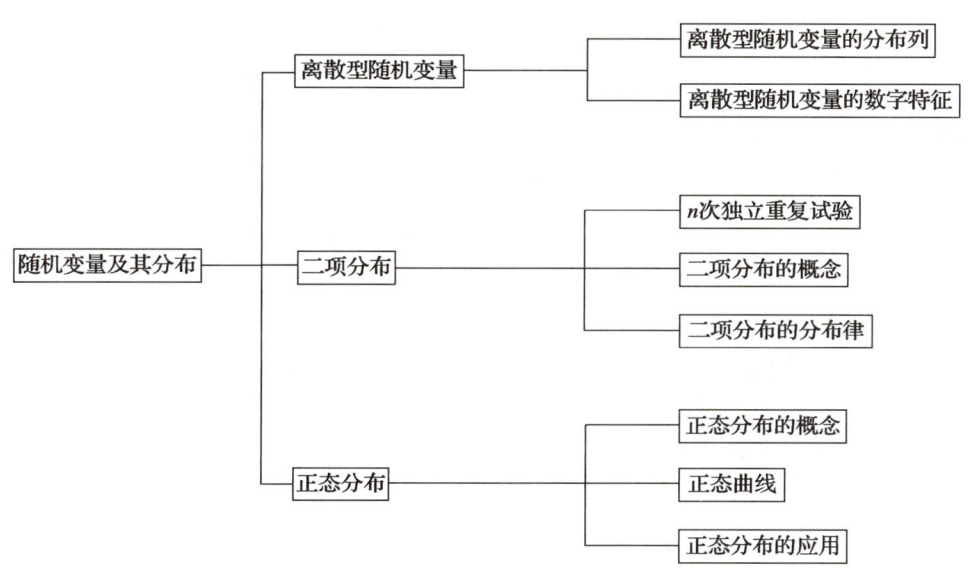

图 17-1

17.1 离散型随机变量及其分布

17.1.1 离散型随机变量

知识要点回顾

1. 如果随机试验的结果可以用一个变量来表示，且这个变量的取值随着_____而变化，那么我们把这个变量称为_____．它通常用_____表示，有时也可以用_____表示．

2. 随机变量具有下列特征．
 （1）取值是_____的，事先并不知道取到哪一个值．
 （2）所取的每一个值都_____某一随机事件．
 （3）所取的每一个值都有确定的_____．

3. **离散型随机变量**：随机变量的所有可能取值_____．

4. **连续型随机变量**：随机变量的所有可能取值_____，而是_____．

例题强化解析

例 1 在下列随机试验中，选择随机变量，并指出随机变量的所有可能取值．
（1）抛掷均匀硬币一次；
（2）从含有 3 件次品的 15 件产品中，选取 4 件产品．

解：（1）用随机变量 ξ 表示硬币正面朝上的次数，记"正面朝下"为 0，"正面朝上"为 1，ξ 的所有可能取值为 0，1．

（2）用随机变量 ξ 表示选取的 4 件产品中次品的个数，ξ 的所有可能取值为 0，1，2，3．

【名师点睛】 本题主要考查随机变量的定义以及随机变量的取值范围．

变式体验 1 随机抛掷两枚质地均匀的骰子，两枚骰子向上一面的点数和记为随机变量 ξ．试写出 ξ 可能出现的结果．

重点实战演练

A 组

1. 下列各个量是随机变量的是（　　）.
   A．某人某天接到电话的个数
   B．某个班级一周上语文课的课时数
   C．水沸腾的温度
   D．对角线互相垂直且长度别为 6 和 8 的四边形的面积

2. 下列随机变量是离散型随机变量的是（　　）.
   A．一个沿直线 $y=2x$ 进行随机运动的质点，它在该直线上的位置
   B．一高速公路上某收费站在半小时内经过的车辆数
   C．电灯泡的使用寿命
   D．水文站观测到江水的水位数

3. 判断下列变量是否是随机变量，若是，是否是离散型随机变量.
   ① 某医院一天内接到 120 急救电话的次数；
   ② 某单位一个月的用水量；
   ③ 王老师在一次数学课上提问的学生人数；
   ④ 某绘画比赛设有一等奖、二等奖和三等奖，小明在该绘画比赛中获得的奖项.

4. 一个不透明的袋子中有 5 个球，编号分别为 1～5，现从袋子中任意取 3 个球.
   （1）写出可能取到的 3 个球的编号；

   （2）设随机变量 ξ 为所取到的 3 个球编号的和，写出可能出现的 ξ 值.

B 组

1. 下列变量中（　　）是随机变量.

   ① 设 $f(x)=2x^2-2$，当 $f(x)=a\,(a\geqslant -2)$ 时 x 的值；

   ② 抛掷三枚相同的硬币，正面朝上的硬币的数量；

   ③ 期末考试后，某班数学成绩在 80 分以上学生的数量；

   ④ 小红某月网购的次数.

   A．①②③④　　　　B．②③④　　　　C．③④　　　　D．①②③

2. 在某项体能测试中，规定跑 1 km 所用的时间不超过 4 min 为优秀. 某学生跑 1 km 所用时间为 ξ.

   （1）判断 ξ 是否是随机变量；

   （2）若只考虑该学生能否取得优秀成绩，应该如何定义随机变量？

17.1.2　离散型随机变量的分布列及其数字特征

知识要点回顾

1．离散型随机变量 ξ 的所有可能取值 x_1，x_2，x_3，$\cdots$，x_n 与其对应的概率 $P(\xi=x_i)=p_i\,(i=1,2,3,\cdots,n)$ 的 _____ 称为离散型随机变量的概率分布，通常把根据 ξ 的各个取值与其概率的关系所列的表称为离散型随机变量的 _____ .

2．离散型随机变量的概率分布具有以下性质.

　　（1）p_i _____ $0\,(i=1,2,3,\cdots,n)$.

　　（2）$p_1+p_2+p_3+\cdots+p_n=$ _____ .

3．通常把反映概率分布某种特征的取值称为离散型随机变量的 _____ .

4．一般地，若离散型随机变量 ξ 的所有可能取值为 x_1，x_2，$\cdots$，x_n，且各个取值对应的概率为 p_1，p_2，$\cdots$，p_n，则将 _____ 称为离散型随机变量 ξ 的均值（或期望值），将 _____ 称为离散型随机变量 ξ 的方差. 离散型随机变量的均值可以反映出随机变量 ξ 的 _____，离散型随机变量的方差可以反映出随机变量 ξ 的取值相对于均值的 _____ .

例题强化解析

例 2 表 17-1～表 17-4 这 4 个表格中，可以作为离散型随机变量分布列的是_____.

表 17-1

ξ	0	1	2
P	0.2	0.3	0.5

表 17-2

ξ	0	1	2
P	0.3	0.4	0.5

表 17-3

ξ	0	1
P	0.3	0.4

表 17-4

ξ	0	1	2
P	0.6	−0.1	0.5

解：可以作为离散型随机变量分布列的是表 17-1. 表 17-2 中 $p_1+p_2+p_3=1.2\neq 1$，表 17-3 中 $p_1+p_2=0.7\neq 1$，表 17-4 中 $p_2=-0.1<0$，这 3 个表格均不符合离散型随机变量概率分布的性质.

【名师点睛】 本题主要考查离散型随机变量概率分布的性质，$p_i \geqslant 0$ $(i=1,2,3,\cdots,n)$，$p_1+p_2+p_3+\cdots+p_n=1$.

变式体验 2 某射手在射击比赛中的命中环数 ξ 为离散型随机变量，其分布列如表 17-5 所示，求 m 的值.

表 17-5

ξ	8	9	10
P	m	0.1	0.8

例 3 从含有 8 个正品、2 个次品的产品中，不放回地抽取 3 次，每次抽取一个. 用 ξ 表示抽到次品的个数，求：

（1）ξ 的分布列；（2）$E(\xi)$ 和 $D(\xi)$.

解: (1) 随机变量 ξ 的所有可能取值为 0, 1, 2, 且

$$P(\xi=0)=\frac{C_8^3}{C_{10}^3}=\frac{7}{15}, \quad P(\xi=1)=\frac{C_2^1 C_8^2}{C_{10}^3}=\frac{7}{15}, \quad P(\xi=2)=\frac{C_2^2 C_8^1}{C_{10}^3}=\frac{1}{15}.$$

因此, ξ 的分布列如表 17-6 所示.

表 17-6

ξ	0	1	2
P	$\frac{7}{15}$	$\frac{7}{15}$	$\frac{1}{15}$

(2) $E(\xi)=0\times\frac{7}{15}+1\times\frac{7}{15}+2\times\frac{1}{15}=\frac{9}{15}$,

$$D(\xi)=\left(0-\frac{9}{15}\right)^2\times\frac{7}{15}+\left(1-\frac{9}{15}\right)^2\times\frac{7}{15}+\left(2-\frac{9}{15}\right)^2\times\frac{1}{15}=\frac{28}{75}.$$

【名师点睛】 本题主要考查随机变量的分布列及随机变量的均值和方差的计算.

变式体验3 某实验室有 5 名男研究员和 3 名女研究员, 现从中任选 3 人参加学术会议, 求所选 3 人中女研究员人数 ξ 的分布列、$E(\xi)$ 和 $D(\xi)$.

重点实战演练

A 组

1. 若随机变量 X 的分布列如表 17-7 所示, 则 m 的值为 (　　).

表 17-7

X	-2	0	2
P	m	0.3	0.4

A. 0.2　　　　　B. 0.3　　　　　C. 0.4　　　　　D. 0.5

2．若随机变量 ξ 的分布列如表 17-8 所示，则 ξ 的均值 $E(\xi)=$（　　）．

表 17-8

ξ	-1	0	1
P	0.1	0.7	0.2

A．0.4　　　　B．0.3　　　　C．0.2　　　　D．0.1

3．若随机变量 ξ 的分布列如表 17-9 所示，则 $P(\xi\geqslant 1)=$（　　）．

表 17-9

ξ	-1	1	2
P	0.3	0.6	0.1

A．0.3　　　　B．0.45　　　　C．0.6　　　　D．0.7

4．篮球比赛中每次罚球命中得 1 分，否则得 0 分．若某位运动员罚球命中的概率为 0.8，则他罚球一次得分 ξ 的均值 $E(\xi)=$（　　）．

A．0　　　　B．0.2　　　　C．0.8　　　　D．1

5．若随机变量 ξ 的分布列如表 17-10 所示，则下列说法中正确的是（　　）．

表 17-10

ξ	-2	-1	0	1	2
P	0.3	0.1	0.2	0.1	0.3

① $E(\xi)=0.2$；　② $D(\xi)=2.6$；　③ $P(|\xi|\leqslant 1)=0.4$；　④ $P(\xi<0)=0.4$．

A．①②③④　　　　B．①②③　　　　C．①③④　　　　D．②③④

6．一盒中装有 12 个零件，其中有 9 个正品、3 个次品．从盒中任取一个，如果取到次品就不再放回去，然后再取一个零件．重复上述步骤，直至取到正品为止，求在取到正品之前已取出的次品个数 ξ 的分布列和 $E(\xi)$．

B 组

1. 若随机变量 ξ 的分布列如表 17-11 所示，则关于 x 的一元二次方程 $3x^2 + 2\xi x + (\xi+1) = 0$ 有实数根的概率为（　　）.

表 17-11

ξ	-2	-1	0	1	2	4
P	0.2	0.1	0.3	0.1	0.2	0.1

A．0.4　　　　　　B．0.3　　　　　　C．0.2　　　　　　D．0.1

2. 一个不透明的袋子中有 5 个球，编号分别为 1～5. 现从袋子中任意取 3 个球，以随机变量 ξ 表示取出的 3 个球中编号最大的球的编号，求：

（1）ξ 的分布列；　　　　　　（2）$E(\xi)$ 和 $D(\xi)$.

3. 某毕业生参加春季人才招聘会，分别向甲、乙、丙 3 家公司投了简历. 假设该毕业生得到甲公司面试机会的概率为 $\dfrac{3}{4}$，得到乙、丙两公司面试机会的概率均为 p，且是否得到这 3 家公司的面试机会是相互独立的，ξ 为该毕业生得到面试机会的次数. 若 $P(\xi=0) = \dfrac{1}{16}$，求：

（1）该毕业生得到乙、丙两公司面试机会的概率 p；

（2）ξ 的分布列和 $E(\xi)$.

第17章 随机变量及其分布

点亮智慧

2022 北京冬奥会和冬残奥会吉祥物"冰墩墩""雪容融"亮相上海展览中心. 为了庆祝吉祥物在上海的亮相,某商场举办了赢取"冰墩墩""雪容融"挂件答题活动. 为了提高活动的参与度,该商场计划 $\dfrac{1}{3}$ 参与活动的顾客能赢取"冰墩墩"挂件,另外 $\dfrac{2}{3}$ 参与活动的顾客能赢取"雪容融"挂件. 若某位顾客能赢取"冰墩墩"挂件,则记 1 分;若能赢取"雪容融"挂件,则记 2 分. 假设能赢取"冰墩墩"挂件和赢取"雪容融"挂件相互独立. 现从参与活动的顾客中随机抽取 3 人,记这 3 人的合计得分为 ξ,求 ξ 的分布列和 $E(\xi)$.

17.2 二项分布

17.2.1 n 次独立重复试验

知识要点回顾

在_____条件下重复地做 n 次试验,每次试验只有_____,并且每次试验结果发生的概率都_____其他试验结果,则称这样的 n 次试验为 n 次独立重复试验或 n 重伯努利试验.

例题强化解析

例 4 下列属于独立重复试验的是(　　).

① 某路段有 4 组相互独立的信号灯,每组信号灯中绿灯亮的概率是 0.5,红灯亮的概率也是 0.5,一辆汽车经过该路段时恰好在第 3 组信号灯处首次遇到红灯停下;

② 某次考试过程中小明有 3 道单项选择题完全不会,于是进行猜选,恰好 3 道都猜中;

③ 某商场周年庆中,有一项抽奖活动,抽奖箱中 20% 的奖券有奖品,每次抽奖不放回,小明等 5 人中恰有 3 人抽到奖品;

④ 依次投掷 4 枚质地不同的硬币,恰好有 3 次正面朝上.

A. ①④　　　　B. ①③　　　　C. ③④　　　　D. ①②

解： ①中各组信号灯相互独立，且各组信号灯中绿灯亮、红灯亮的概率相等，因此该试验属于独立重复试验；②中猜中每道题的概率都是 0.25，且试猜每道题都相互独立，因此该试验属于独立重复试验；③中因为每次抽奖不放回，每个人抽到奖品的概率不同，所以该试验不属于独立重复试验；④中因为每次投掷的硬币质地不同，所以该试验不属于独立重复试验．于是，本题选 D．

【名师点睛】 本题主要考查独立重复试验的定义．

变式体验 4 下列属于独立重复试验的是（　　）．

　　A．某运动员射击一次"得 8 分"与"得 9 分"

　　B．甲、乙两名运动员各射击一次，"甲得 10 分"与"乙得 9 分"

　　C．甲、乙两名运动员各射击一次，均射中目标

　　D．在相同条件下，甲射击 10 次，其中 5 次射中目标

重点实战演练

A 组

1. 以下说法正确的有_____个．

　　① 在 n 次独立重复试验中，每次试验的结果是相互独立的；

　　② 在 n 次独立重复试验中，每次试验中某事件发生的概率可以不同；

　　③ 在 n 次独立重复试验中，每次试验发生的事件是互斥的．

2. 若随机变量 X 的分布列如表 17-12 所示，且随机变量 X 的取值符合独立重复试验的要求，则 m 的值为（　　）．

表 17-12

X	-2	2
P	m	0.4

A．0.6　　　　B．0.4　　　　C．0.5　　　　D．0.3

3. 在相同条件下，若甲每次射中目标的概率为 $\dfrac{1}{2}$，则射击 5 次，射中 3 次的概率为（　　）．

A．$\dfrac{1}{8}$　　　　B．$\dfrac{3}{16}$　　　　C．$\dfrac{5}{16}$　　　　D．$\dfrac{3}{5}$

4. 判断下列试验是否是 n 次独立重复试验．

　　① 依次抛掷 8 枚质地不同的硬币，5 次正面朝上；

　　② 某人射击，击中目标的概率是稳定的，他连续射击了 10 次，其中 6 次击中；

　　③ 口袋里装有 10 个白球，4 个红球，2 个黑球，依次从中抽取 4 个球，恰好抽出 2 个白球．

B 组

1．若某运动员在比赛中得奖的概率是 0.2，以随机变量 ξ 表示该运动员在 5 次比赛中得奖的次数，则 $E(\xi)=$（　　）．

　　A．0.5　　　　　　B．1　　　　　　C．1.2　　　　　　D．2

2．试列举生活中的 n 次独立重复试验．

17.2.2　二项分布及其分布律

知识要点回顾

若在一次试验中事件 A 发生的概率为 p，它不发生的概率为 $1-p$，n 次独立重复试验中事件 A 发生 $k(k=0，1，2，\cdots，n)$ 次的概率为＿＿＿＿＿＿＿＿，则将这种形式的离散型随机变量 ξ 的概率分布称为二项分布，并称随机变量 ξ 服从参数为＿＿＿＿＿＿的二项分布，记作＿＿＿＿＿＿．其均值与方差分别为＿＿＿＿＿＿＿＿，＿＿＿＿＿＿＿＿．二项分布中的各个概率值，在形式上依次是＿＿＿＿＿＿＿＿的二项展开式中的各项．

例题强化解析

例 5　假设某人上班途中遇到红灯和遇到绿灯是相互独立的，且遇到红灯和遇到绿灯的概率都是 0.4，设其上班途中遇到红灯的次数为 ξ．

（1）若上班途中要经过 5 个红绿灯路口，则他在上班途中遇到 3 次红灯的概率；

（2）若上班途中要经过 3 个红绿灯路口，则他在上班途中遇到红灯次数的均值 $E(\xi)$ 和方差 $D(\xi)$．

解：（1）由题意可知，上班途中遇到红灯的次数 ξ 服从二项分布，所以上班途中遇到 3 次红灯的概率为 $P(\xi=3)=C_5^3\times 0.4^3\times(1-0.4)^{5-3}=0.2304$；

（2）上班途中遇到红灯次数的均值和方差为
$$E(\xi)=3\times 0.4=1.2，\quad D(\xi)=3\times 0.4\times(1-0.4)=0.72．$$

【名师点睛】　本题主要考查二项分布中概率值、均值和方差的计算．遇到红灯的次数 ξ 服从二项分布，即 $\xi\sim B(3，0.4)$．当 $\xi\sim B(n，p)$ 时，$E(\xi)=np$，$D(\xi)=np(1-p)$，代入即可求值．

变式体验 5　对于某批小白菜种子，若发芽率为 $\dfrac{5}{6}$，则播种的 3 颗种子恰有 2 颗发芽的概率为（　　）．

　　A．$\dfrac{25}{216}$　　　　B．$\dfrac{625}{721}$　　　　C．$\dfrac{25}{72}$　　　　D．$\dfrac{16}{625}$

重点实战演练

A 组

1. 若随机变量 $\xi \sim B(n, 0.3)$，且 $P(\xi=2) = C_n^2 \times 0.3^2 \times 0.7^4$，则 $n = $（　　）.
   A. 4　　　　B. 5　　　　C. 6　　　　D. 7

2. 若随机变量 $\xi \sim B(5, 0.6)$，则 $E(\xi)$ 和 $D(\xi)$ 分别为（　　）.
   A. 3，1.2　　B. 5，1.2　　C. 5，0.6　　D. 5，0.24

3. 若随机变量 ξ 服从二项分布 $B(n, p)$，且 $E(\xi) = 200$，$D(\xi) = 100$，则 n 和 p 分别为（　　）.
   A. 200，1.5　　B. 400，0.5　　C. 100，0.5　　D. 400，0.25

4. 若某运动员在比赛中得奖的概率是 $\dfrac{4}{5}$，各比赛之间相互独立，以随机变量 ξ 表示该运动员在 5 次比赛中得奖的次数，则 $P(\xi = 4) = $（　　）.
   A. $\dfrac{1\,024}{3\,125}$　　B. $\dfrac{256}{3\,125}$　　C. $\dfrac{32}{3\,125}$　　D. $\dfrac{256}{625}$

5. 甲、乙、丙 3 人参加某企业的面试，若 3 人中每个人能通过面试的概率均为 $\dfrac{2}{3}$，且 3 人能否通过面试相互独立，则通过面试的人数 ξ 的均值 $E(\xi) = $（　　）.
   A. 3　　　　B. 2　　　　C. 1　　　　D. 0

6. 若事件 A 在一次试验中发生的概率为 $\dfrac{1}{4}$，则事件 A 在 3 次独立重复实验中恰好发生 2 次的概率为（　　）.
   A. $\dfrac{9}{64}$　　B. $\dfrac{27}{64}$　　C. $\dfrac{9}{32}$　　D. $\dfrac{3}{64}$

7. 某车间内有 9 个工人工作，该工作需要间歇使用电力，每人每个小时需要使用电力的概率为 0.2，求一个小时内至少有 7 个工人需要用电的概率.（结果精确到 0.000 1）

8. 如果在 4 次独立重复实验中，事件 A 都发生的概率与都不发生的概率相等，求事件 A 在一次独立重复实验中发生的概率.

9. 设随机变量 X 服从二项分布 $B(3, 0.4)$，求随机变量 $Y = X(X-2)$ 的分布列.

B 组

1. 设随机变量 ξ 服从二项分布 $B(2, p)$，且 $P(\xi \geqslant 1) = \dfrac{5}{9}$，求参数 p 和 $P(\xi = 2)$.

2. 某机构的顾问小组由 3 位顾问组成，每位顾问提出正确意见的概率都是 0.8. 现在该机构就某方案的可行性分别向 3 位顾问征求意见. 若按照多数人的意见做出决策，则该机构做出正确决策的概率是多少？

3. 甲、乙参加奥运知识竞赛，答对每题的概率分别为 $\dfrac{3}{5}$ 和 $\dfrac{1}{2}$，且答对一题得 1 分，答错不得分．若甲、乙各答 4 题，求甲得分 ξ_1 和乙得分 ξ_2 的分布列．

点亮智慧

　　安全生产是劳动者生命安全和国家财产安全的基本保证，也是促进社会生产力发展的基本条件．因此，做好安全生产工作具有重要的意义．

　　某安全生产监督部门对 5 家小型煤矿进行安全检查（简称安检）．若安检不合格，则必须进行整改．若整改后经复查仍不合格，则强行关闭．设每家煤矿安检是否合格是相互独立的，且每家煤矿整改前安检合格的概率是 0.5，整改后安检合格的概率是 0.8，计算至少关闭一家煤矿的概率．（结果精确到 0.01）

17.3 正态分布

17.3.1 正态分布与正态曲线

知识要点回顾

1. 概率密度曲线精确地反映了随机变量 ξ 在各个范围内取值的_____，以这条曲线为图像的函数_____称为随机变量 ξ 的_____．随机变量 ξ 在区间 (a,b) 内取值的概率 $P(a<\xi<b)$ 恰好是概率密度曲线与 x 轴、直线 $x=a$ 和 $x=b$ 所围成的图形的_____．

2. 一般地，如果随机变量 ξ 的概率密度函数为 $f(x)=$ _____ $(-\infty<x<+\infty)$，其中 μ，σ 为常数，且 $\sigma>0$，则称 ξ 服从参数为 μ，σ^2 的正态分布，记作_____，此时 ξ 的概率密度曲线称为_____，ξ 称为_____．

3. 正态曲线具有以下性质．
   （1）曲线位于 x 轴的_____，且关于直线_____对称．
   （2）曲线在_____时处于最高点，由这点向左、右两边延伸时，曲线逐渐降低，呈现_____的形状．
   （3）曲线形状由 σ 确定：σ 越大，曲线越_____，表示总体的分布越_____；σ 越小，曲线越_____，表示总体的分布越_____．

4. 在参数为 μ，σ^2 的正态分布中，当 $\mu=0$，$\sigma=1$ 时，随机变量 ξ 的概率密度函数为 $\varphi(x)=$ _____ $(-\infty<x<+\infty)$，这时称随机变量 ξ 服从标准正态分布，记作_____．其相应的曲线称为_____．

5. 当随机变量 ξ 服从正态分布 $N(\mu,\sigma^2)$ 时，有
$$P(\xi<x)=\underline{\hspace{3cm}}, \quad P(\xi\geqslant x)=\underline{\hspace{3cm}},$$
$$P(a<\xi<b)=\underline{\hspace{4cm}}.$$

例题强化解析

例 6 某工厂加工一批零件，零件的直径为 ξ（单位：mm），且 $\xi\sim N(40,4)$．
（1）求 $P(41<\xi<43)$；
（2）若该工厂某一周加工该零件 5 000 个，则直径在 41～43 mm 范围内的零件有多少个？

解：（1）由题意可知 $\xi\sim N(40,4)$，于是
$$P(41<\xi<43)=\Phi\left(\frac{43-40}{2}\right)-\Phi\left(\frac{41-40}{2}\right)=\Phi(1.5)-\Phi(0.5)=0.933\,2-0.691\,5=0.241\,7;$$

（2）由（1）可知直径在 41～43 mm 范围内的零件有
$$N=5\,000\times 0.241\,7\approx 1\,209\text{（个）}.$$

【名师点睛】 本题主要考查正态分布与标准正态分布的关系，可将正态分布转化为标准正态分布，然后查标准正态分布表来计算．

变式体验 6 若随机变量 $\xi \sim N(1,9)$，求 $P(\xi < 4)$.

重点实战演练

A 组

1. 下列概率最大的是（　　）.
   A．$P(\mu-1<\xi<\mu+1)$ B．$P(\mu-2<\xi<\mu+2)$
   C．$P(\mu-3<\xi<\mu+3)$ D．$P(\mu-4<\xi<\mu+4)$

2. 若随机变量 $\xi \sim N(3,4)$，则其正态曲线的对称轴为（　　）.
   A．$x=1$ B．$x=2$
   C．$x=3$ D．$x=4$

3. 若随机变量 $\xi \sim N(\mu, \sigma^2)$，则关于该正态曲线以下说法错误的是（　　）.
   A．关于 $x=\mu$ 对称，在 $x=\mu$ 处正态曲线到达最高点
   B．若 σ 确定，随 μ 值不同，正态曲线位置不同
   C．若 μ 确定，随 σ 值不同，正态曲线"胖瘦"不同
   D．整个正态曲线到 $y=0$ 的面积为 $\dfrac{1}{2}$

4. 若随机变量 ξ 服从正态分布，且 $P(\xi<3)=0.5$，那么 ξ 的正态曲线在 $x=$（　　）时到达最高点.
   A．3 B．2 C．1 D．0

5. 若随机变量 $\xi \sim N(\mu, \sigma^2)$，则 $P(\mu-2\sigma<\xi<\mu+2\sigma)=$（　　）.
   A．0.682 6 B．0.954 4
   C．0.997 2 D．1

6. 已知随机变量 ξ_1, ξ_2 和 ξ_3 均服从正态分布，且它们的均值都相等，标准差分别为 σ_1, σ_2 和 σ_3. 如果在它们的正态曲线中，ξ_1 的最高点最高，ξ_3 的最高点最低，则 σ_1, σ_2 和 σ_3 按照从小到大的顺序排列为_____.

7. 若随机变量 $\xi \sim N(2,9)$，且 $P(\xi>a+2)=P(\xi<a-2)$，则 $a=$_____.

8. 已知随机变量 $\xi \sim N(0,1)$，求：
   （1）$P(0<\xi<2)$；　　　　　　　（2）$P(\xi<-2)$；

（3）$P(\xi \geqslant 2)$； （4）$P(|\xi| < 2)$.

B 组

1. 已知随机变量 $\xi \sim N(1.6, 4)$，求：

（1）$P(\xi < 6.8)$； （2）$P(\xi \geqslant 2)$；

（3）$P(\xi < -3)$； （4）$P(|\xi| < 4)$.

2. 某种产品的长度 ξ（单位：mm）服从正态分布 $N(160, \sigma^2)$，如果要求 $P(120 < \xi < 200) \geqslant 0.8$，求允许的 σ 最大值.

3．设小明上班所需时间 ξ（单位：min）服从正态分布 $N(50,100)$，上班时间为早上 8 点．

（1）求他能在一个小时内到达工作单位的概率；

（2）一周 5 个工作日，如果小明每天早晨 7 点从家出发，求他一周都不迟到的概率．

4．某学校划分学生考试成绩等级的方法如下：考试成绩在前 10% 的为 A 等，在前 10% 以后但在前 50% 的为 B 等，在 50% 以后但在前 90% 的为 C 等，在后 10% 的为 D 等．某次期末考试中，学生的考试成绩 ξ 服从正态分布 $N(73,144)$，求这次期末考试等级划分的具体分数线．（结果取整数）

17.3.2 正态分布的应用

知识要点回顾

正态随机变量在区间_____以外取值的概率小于 0.26%，称这类事件为小概率事件．一般认为，小概率事件在一次试验中几乎是_____．在实际应用中，通常认为服从正态分布 $N(\mu,\sigma^2)$ 的随机变量 ξ 只取区间_____内的值，这就是正态分布的_____．

例题强化解析

例 7 某机器生产的螺栓长度为 ξ（单位：cm），且 $\xi \sim N(10.05, 0.06^2)$．现规定螺栓长度在 $10.05\ \text{cm} \pm 0.12\ \text{cm}$ 范围内为合格品，该机器生产的 1 000 个螺栓中，合格品有_____个．

解：因为 $\xi \sim N(10.05, 0.06^2)$，所以
$$P(10.05-0.12 < \xi < 10.05+0.12) = 0.954\ 4,$$
于是该机器生产的 1 000 个螺栓中，合格品有 $N = 1\ 000 \times 0.954\ 4 \approx 954$（个）．

【名师点睛】 本题考查正态分布的应用．该随机变量 ξ 服从正态分布 $N(\mu,\sigma^2)$，利用 $P(\mu-2\sigma<\xi<\mu+2\sigma)=0.954\,4$ 可以计算求值.

变式体验7 设在一电路中，电阻两端电压 u 服从正态分布 $N(120,4)$，现测量了5次电压，求其中2次测量结果在区间 $[118,122]$ 之外的概率.

重点实战演练

A 组

1．已知某次数学考试的成绩（单位：分）服从正态分布 $N(116,64)$，则成绩在140分以上的考生所占百分比为（　　）．

  A．0.3%　　　　B．0.23%　　　　C．1.5%　　　　D．0.13%

2．某品牌摄像头的使用寿命（单位：年）服从正态分布，且使用寿命不少于2年的概率为0.8，不少于6年的概率为0.2．若某学校在大门口同时安装了该品牌的2个摄像头，则在4年内这2个摄像头可以正常使用的概率为（　　）．

  A．0.5　　　　B．0.3　　　　C．0.25　　　　D．0.1

3．一批手电筒电池的使用寿命（单位：h）服从正态分布 $N(35.6,4.4^2)$，从这批电池中任取一节，这节电池可持续使用不少于40 h 的概率是多少？

4．假设某工厂生产的一批钢管的内径尺寸为 ξ，且 $\xi\sim N(23.40,0.05^2)$，现从这批钢管中随机抽取 10 000 根，请推算内径尺寸在 23.40 ± 0.05 和 23.40 ± 0.1 范围内的钢管根数.

5. 某工厂生产的电子管的寿命 ξ 服从正态分布 $N(180,\sigma^2)$，其中寿命在 $(140,220]$ 内的电子管为合格品．若要求该工厂生产的电子管的合格率在 90% 以上，则允许的 σ 最大值为多少？

6. 某地区 18 岁女青年的血压 ξ 服从正态分布 $N(110,12^2)$，在该地区任选一 18 岁的女青年，测量她的血压 ξ．

（1）求 $P(\xi \leqslant 104)$，$P(98 < \xi \leqslant 122)$；

（2）确定最小的 x，使 $P(\xi > x) \leqslant 0.05$．

B 组

1. 已知某车间正常状态下生产某种零件的尺寸（单位：mm）满足正态分布 $N(27.45, 0.05^2)$，质检员随机抽取了 10 个零件，测量得到它们的尺寸如下：

27.34，27.49，27.55，27.23，27.40，27.46，27.38，27.58，27.54，27.68．

请根据正态分布的 3σ 原则，帮助质检员判定哪些零件是在非正常状态下生产的．

2. 若某品牌手机电池的使用寿命服从正态分布，且使用寿命不少于一年的概率为 0.9，使用寿命不少于 9 年的概率为 0.1，则该品牌手机电池的使用寿命不少于 4 年但不多于 9 年的概率为多少？

3. 某工厂生产的电子产品的使用寿命 X（单位：h）服从正态分布 $N(1\,000, \sigma^2)$，且 $P(X < 800) = 0.1$，$P(X \geqslant 1\,300) = 0.02$．

（1）现从中随机抽取 1 件电子产品，求其使用寿命在 $[1\,200, 1\,300)$ 内的概率；

（2）现从中随机抽取 3 件电子产品，记抽到的 3 件电子产品的使用寿命在 $[800, 1\,200)$ 内的件数为 Y，求 Y 的分布列和 $E(Y)$．

点亮智慧

正态分布是概率论中一种重要的分布．在实际生产与科学实验中，很多随机变量的概率分布都可以近似地用正态分布来描述．例如，在生产条件不变的情况下，某产品的抗压强度、口径、长度等指标，同一种生物体的身长、体重等指标，以及某个地区的年降水量等都可以近似地用正态分布来描述．

根据本节正态分布的内容，以下关于正态分布的说法中错误的是（　　）．

① 正态分布为非连续型分布；
② 正态分布仅有一条曲线；
③ 正态分布是单峰对称分布；
④ 正态分布变量的取值不可能为负．

A．①②③　　　　B．①②④　　　　C．②③④　　　　D．①③④

本章能力闯关

A 组

一、选择题

1. 若随机变量 X 的分布列如表 17-13 所示，则 $m = (\quad)$.

表 17-13

X	0	1	2
P	m	0.5	0.3

  A．0.1   B．0.2   C．0.3   D．0.4

2. 下列变量不是离散型随机变量的是（ ）.

  A．某人射击 10 次，射中 10 环的次数

  B．某人去上班所需要的时间

  C．种下一批种子后，发芽种子的数量

  D．一次考试中，考试成绩在 75 分以上的学生数量

3. 一名学生在某次考试后有 20% 的把握得优（得分在 90 分以上），有 30% 的把握得良（得分在 80 及 80 分以上，90 分以下），则该学生的成绩不是良的概率为（ ）.

  A．20%   B．30%   C．70%   D．80%

4. 一批产品中有一等品、二等品、三等品、等外品及废品，生产这些产品时这 5 等产品相应的概率分别为 0.7，0.1，0.1，0.06 及 0.04．若其产值分别为 6 元、5.4 元、5 元、4 元和 0 元，则这批产品的平均产值为（ ）.

  A．3   B．3.24   C．5   D．5.48

5. 若随机变量 $\xi \sim B(2, 0.3)$，则 $P(\xi = 2) = (\quad)$.

  A．0.09   B．0.027   C．0.3   D．0.6

6. 若随机变量 ξ 服从正态分布 $N(1, \sigma^2)$，且 $P(\xi < 2) = 0.8$，则 $P(0 < \xi < 2) = (\quad)$.

  A．0.3   B．0.4   C．0.5   D．0.6

二、填空题

1. 已知离散型随机变量 X 的分布列如表 17-14 所示，求 $E(X) = $ _____，$D(X) = $ _____．

表 17-14

X	-1	2	3	6
P	$\dfrac{1}{2}$	$\dfrac{1}{6}$	$\dfrac{1}{6}$	$\dfrac{1}{6}$

2. 已知随机变量 $\xi \sim B\left(15, \dfrac{1}{4}\right)$，求 $E(\xi) = $ _____，$D(\xi) = $ _____．

3．已知随机变量 $\xi \sim N(70,10^2)$，求 $P(68 < \xi < 74) =$ _____．

4．试卷上有 4 道单项选择题，每道题有 4 个备选答案，若一考生仅凭猜测答题，则该考生答对其中 3 道题的概率为_____．

三、解答题

1．已知 $\xi \sim N(25,5^2)$，求：

（1）$P(\xi \leqslant 27)$；

（2）$P(30 < \xi \leqslant 32.5)$；

（3）$P(\xi \geqslant 32)$．

2．某工厂规定，某种使用寿命超过 500 h 的灯管为一等品．若该工厂生产的一批灯管中一等品率为 0.2，从这批灯管中任意抽查 10 只灯管，则这 10 只灯管中恰好有 3 个一等品的概率是多少？（结果精确到 0.001）

3．某菜市场销售某种蔬菜，根据以往销售经验知道：进货后第一天售出的概率为 0.5，每 10 kg 的毛利润为 3 元；进货后第二天售出的概率为 0.3，每 10 kg 的毛利润为 1 元；进货后第三天售出的概率为 0.2，每 10 kg 的毛利润为 –1 元．设每 10 kg 的毛利润为 ξ，求随机变量 ξ 的分布列、$E(\xi)$ 和 $D(\xi)$．

B 组

一、选择题

1. 某饮料的容量（单位：mL）服从正态分布 $N(500, 5^2)$，容量在 500 mL ± 10 mL 范围内的属于合格品．现任意取一瓶饮料进行检查，这瓶饮料为合格品的概率是（　　）．

   A．0.158 7 　　　　　　　　　　B．0.535 9

   C．0.954 4 　　　　　　　　　　D．0.977 2

2. 若在 3 次独立重复试验中，事件 A 至少发生一次的概率为 $\dfrac{26}{27}$，则事件 A 在一次试验中发生的概率为（　　）．

   A．$\dfrac{1}{3}$ 　　　　　　　　　　B．$\dfrac{1}{4}$

   C．$\dfrac{1}{6}$ 　　　　　　　　　　D．$\dfrac{1}{9}$

3. 甲、乙两名篮球队员轮流投篮直至投中为止，甲每次投中的概率为 0.4，乙每次投中的概率为 0.6，而且不受其他投篮结果的影响．以随机变量 X 表示投篮的轮数，若甲先投，则 $P(X = k) = $（　　）．

   A．$0.76^{k-1} \times 0.24$ 　　　　　　B．$0.6^{k-1} \times 0.4$

   C．$0.4^{k-1} \times 0.6$ 　　　　　　D．$0.24^{k-1} \times 0.76$

二、填空题

1. 现有 4 个人去参加某娱乐活动，该娱乐活动有甲、乙两个游戏可供参加者选择．为增加趣味性，约定：每个人通过掷一枚质地均匀的骰子决定自己去参加哪个游戏，掷出点数为 1 或 2 的人去参加甲游戏，掷出点数大于 2 的人去参加乙游戏．这 4 个人中恰有 2 人去参加甲游戏的概率为_____．

2. 若人在 365 天中任意一天出生的概率是一样的，则某班级 50 名学生中，有两名或两名以上学生在 1 月 1 日出生的概率是_____．（结果精确到 0.000 1）

三、解答题

1. 某班甲、乙、丙 3 名学生参加省数学竞赛选拔考试，成绩合格可获得参加竞赛的资格．其中甲表示成绩合格就去参加，但乙、丙约定：两人成绩都合格才一同参加，否则都不参加．设每人成绩合格的概率都是 $\dfrac{2}{3}$，求：

   （1）3 人中至少有 1 人成绩合格的概率；

（2）去参加竞赛的人数 ξ 的分布列和 $E(\xi)$.

2．某人骑自行车去上班，第一条路较短但拥挤，走第一条路所需的时间 X（单位：min）服从正态分布 $N(5,1)$；第二条路较长但不拥挤，走第二条路所需的时间 Y（单位：min）服从正态分布 $N(6,0.16)$. 一天，出发时离上班时间还有 7 min，他应选哪一条路？若离上班时间还有 6.5 min，他应选哪一条路？

第18章 统 计

知识导图

本章知识导图如图 18-1 所示.

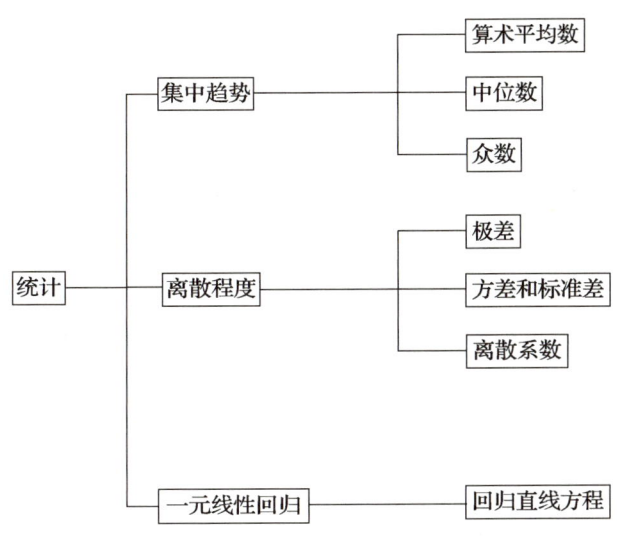

图 18-1

18.1 集中趋势与离散程度

18.1.1 集中趋势

知识要点回顾

1. 集中趋势是指一组数据向_____的倾向,反映这组数据中心点的所在位置.

2. 如果有 n 个数 $x_1, x_2, \cdots, x_n$,那么 $\bar{x} = $ _____ 称为这 n 个数的算术平均数.

3. 若一组数据为 $x_1, x_2, \cdots, x_k, \cdots, x_n$,它们出现的频数分别为 $f_1, f_2, \cdots, f_k, \cdots, f_n$,则 $\bar{x} = $ _____ 称为这组数据的加权算术平均数,其中 f_k 也称为样本数据 x_k 的_____.

4. 一组数据按_____的顺序排列后,位于中间位置的数或者位于中间位置的两个数的算术平均数称为中位数,记作 M_e. 设一组数据按从小到大的顺序排列后为 $x_1, x_2, \cdots, x_n$,当 n 为奇数时,中位数为中间位置的数,即 $M_e = $ _____;当 n 为偶数时,中位数为中间位置的两个数的算术平均数,即 $M_e = $ _____.

5. 一组数据中_____的数值称为众数.

例题强化解析

例1 某班级的 40 名学生参加了汉字输入比赛,现从全班学生中任意选取 8 名学生,他们的汉字输入速度(单位:字/min)分别为 69,65,69,59,57,76,78,72.

(1)求 8 名学生汉字输入速度的算术平均数、众数和中位数;

(2)根据 8 名学生的汉字输入速度,估算该班级中汉字输入速度在 69 字/min 以下的学生数量.

解:(1)8 名学生汉字输入速度的算术平均数、众数和中位数分别为 68.125,69,69;

(2)由(1)可知,8 名学生汉字输入速度的中位数为 69,则该班级约有一半学生,即 20 名学生,其汉字输入速度在 69 字/min 以下.

【名师点睛】 本题主要考查了算术平均数、众数和中位数的计算方法,以及中位数的意义.

变式体验1 某台车床生产一种型号的滚珠,现从这台车床生产的滚珠中抽取 20 个,测得滚珠的直径(单位:mm)如下:

15.0,14.5,15.2,15.5,14.8,15.1,15.2,14.8,15.2,15.0,

14.8,15.2,15.0,15.0,14.8,15.1,14.8,14.8,14.9,15.3.

(1)求这些滚珠直径的平均数、众数和中位数;

（2）若规定直径在 15 mm±0.2 mm 范围内的滚珠是合格的，则这台车床生产的滚珠合格率是多少？

重点实战演练

A 组

1. 下列说法错误的是（ ）．
   ① 如果给定一组数据，那么这组数据的平均数一定只有一个
   ② 如果给定一组数据，那么这组数据的众数一定只有一个
   ③ 如果给定一组数据，那么这组数据的中位数一定是这组数据中的一个
   ④ 如果一组数据存在众数，那么该众数一定是这组数据中的一个
   A．②③　　　　　B．②④　　　　　C．③④　　　　　D．①④

2. 已知 x_1，x_2，x_3，x_4 的平均数是 2，则 x_1+3，x_2+3，x_3+3，x_4+3 的平均数是（ ）．
   A．4　　　　　　B．3　　　　　　C．4　　　　　　D．5

3. 若一组数据 5，x，3，4 的平均数是 5，则 $x=$（ ）．
   A．5　　　　　　B．7　　　　　　C．8　　　　　　D．10

4. 若一组数据 23，27，20，18，x，12 的中位数是 21，则 $x=$（ ）．
   A．21　　　　　B．22　　　　　C．24　　　　　D．28

5. 已知一组数据 5，15，75，45，25，75，45，35，45，35，则 40 是这组数据的（ ）．
   A．平均数但不是中位数
   B．平均数也是中位数
   C．众数
   D．中位数但不是平均数

6. 某学校举行运动会，按班级成绩设奖，每项比赛第一名得 5 分，第二名得 3 分，第三名得 2 分，第四名得 1 分．某班级派 8 名学生参加比赛，共得 2 个第一名，1 个第二名，1 个第三名，4 个第四名，则该班级 8 名学生的平均得分为_____分．

7. 某公司有 15 名员工，分属 7 个部门，各部门每人所创的年利润如表 18-1 所示．

表 18-1

部门	A	B	C	D	E	F	G
人数/人	1	1	2	4	2	2	3
每人所创年利润/万元	20	5	2.5	2.1	1.5	1.5	1.2

（1）求该公司每人所创年利润的平均数和中位数；

（2）你认为应该使用平均数和中位数中哪一个来描述该公司每人所创年利润的一般水平？

8．某瓜农采用大棚栽培技术种植了一亩地的良种西瓜，这亩地共产西瓜 600 个．在西瓜上市前该瓜农随机摘下了 10 个成熟的西瓜，西瓜质量如表 18-2 所示．求：

表 18-2

质量/kg	5.5	5.4	5.0	4.9	4.6	4.3
个数/个	1	2	3	2	1	1

（1）这 10 个西瓜质量的众数和中位数；

（2）这 10 个西瓜的平均质量，并根据计算结果估算这亩地共可收获多少西瓜．

B 组

1．某学生在使用计算器求 30 个数据的算术平均数时，错将其中一个数据 105 按 15 输入，求出的算术平均数为 30，那么这组数据的算术平均数应该是（　　）．

A．35　　　　　　B．27　　　　　　C．33　　　　　　D．30.5

2．某单位欲从内部招聘一名管理员，对甲、乙、丙 3 名候选人进行了笔试和面试两项测试，测试成绩如表 18-3 所示．

表 18-3

候选人	甲	乙	丙
笔试成绩/分	75	80	90
面试成绩/分	93	70	68

根据录用程序，组织 200 名职工对 3 名候选人以投票的方式进行民主评议，得票率（没有弃权票，每位职工只能选 1 人）如表 18-4 所示，每得一票记 1 分.

表 18-4

候选人	甲	乙	丙
得票率/%	25	40	35

（1）请算出 3 名候选人的民主评议得分；

（2）如果根据两项测试和民主评议的平均成绩确定录用人选，那么谁将被录用？

（3）根据实际需要，单位将笔试、面试、民主评议的得分按 4：3：3 的比例确定个人成绩，那么谁将被录用？

3. 某风景区对 5 个旅游景点的门票价格进行了调整，据统计，调价前后各景点的游客人数基本不变，有关数据如表 18-5 所示.

表 18-5

景点	A	B	C	D	E
原价/元	10	10	15	20	25
现价/元	5	5	15	25	30
游客人数/(人·d^{-1})	1 000	1 000	2 000	3 000	2 000

（1）该风景区称调整后这 5 个景点门票的平均收费不变，平均日总收入持平，问风景区是怎样计算的？

（2）游客认为调整收费后风景区的平均日总收入相对于调价前，实际上增加了约 9.4%，问游客是怎样计算的？

（3）你认为风景区和游客哪一个说法较能反映整体实际？

18.1.2 离散程度

知识要点回顾

1. 离散程度是指数据_____的程度．它与集中趋势相辅相成，二者共同反映了数据的_____．

2. 一组数据的最大值和最小值_____称为极差，也称为_____．若一组数据的最大值和最小值分别为 $x_{\max}$，$x_{\min}$，则这组数据的极差 $R =$ _____．用极差来评价数据的离散程度时，极差值越小，说明数据的离散程度越_____，数据越_____；极差值越大，说明数据的离散程度越_____，数据越_____．

3. 设一组数据为 $x_1, x_2, \cdots, x_n$，那么这组数据的方差为 $s^2 =$ _____，这组数据的标准差为 $s =$ _____．在算术平均数相同的情况下，方差和标准差越大，数据的离散程度_____；方差和标准差越小，数据的离散程度_____．

4. 一组数据的_____与_____的比称为这组数据的离散系数，也称为标准差系数．计算公式为 $V_s =$ _____．离散系数反映了_____的离散程度，是数据离散程度的相对性指标．离散系数大，说明该组数据的离散程度_____；离散系数小，说明该组数据的离散程度_____．数据的离散程度越小，集中趋势就越_____；离散程度越大，集中趋势就越_____．

例题强化解析

例 2 甲、乙两人参加某体育项目训练，近期 5 次的测试成绩（单位：分）如下：

甲：10，13，12，14，16；

乙：13，14，12，12，14．

（1）分别求出两人测试成绩的算术平均数、极差和方差；

（2）请对甲、乙的测试成绩做出评价．

解：（1）$\bar{x}_甲 = \dfrac{10+13+12+14+16}{5} = 13$，$\bar{x}_乙 = \dfrac{13+14+12+14+14}{5} = 13$．

$R_甲 = 16 - 10 = 6$，$R_乙 = 14 - 12 = 2$．

$s_甲^2 = \dfrac{1}{5-1}[(10-13)^2 + (13-13)^2 + (12-13)^2 + (14-13)^2 + (16-13)^2] = 5$，

$s_乙^2 = \dfrac{1}{5-1}[(13-13)^2 + (14-13)^2 + (12-13)^2 + (12-13)^2 + (14-13)^2] = 1$．

（2）由（1）可知，$\bar{x}_甲 = \bar{x}_乙$，$R_甲 > R_乙$，$s_甲^2 > s_乙^2$，因此乙的成绩较稳定．

【名师点睛】 首先利用算术平均数公式、极差公式、方差公式求出它们的算术平均数、极差和方差，然后根据算术平均数、极差和方差的数据分析甲、乙的测试成绩并做出评价．

变式体验2 从五年级的考试成绩中任意选出 10 名学生的考试成绩（单位：分）：92，63，75，76，88，84，61，83，79，86．请计算出这 10 名学生考试成绩的极差、方差和标准差．

重点实战演练

A 组

1．用极差反映数据离散程度的缺陷是（ ）．
   A．基于均值计算离散程度　　　　B．基于绝对值计算离散程度
   C．易于计算　　　　　　　　　　D．没有使用所有数据的信息

2．已知甲、乙两组数据的算术平均数相等，若甲组数据的方差 $s_甲^2 = 0.035$，乙组数据的方差为 $s_乙^2 = 0.125$，则（ ）．
   A．甲组数据比乙组数据波动大　　B．乙组数据比甲组数据波动大
   C．甲、乙两组数据波动一样大　　D．甲、乙两组数据波动不能比较

3．数据 2，3，2，4，7，5 的极差是（ ）．
   A．2　　　　B．3　　　　C．4　　　　D．5

4．比较两组数据的离散程度时不能直接比较它们的方差，因为两组数据的（ ）．
   A．标准差不同　　　　　　　　　B．方差不同
   C．数据数量不同　　　　　　　　D．计量单位不同

5．若 $s^2 = \dfrac{1}{7}(x_1^2 + x_2^2 + \cdots + x_8^2 - 64)$，则 $\bar{x} = $（ ）．
   A．±8　　　B．$2\sqrt{2}$　　　C．2　　　　D．4

6．某小组 7 名学生的中考体育分数（满分为 40 分）分别为 36 分、40 分、39 分、37 分、40 分、39 分、35 分，该组数据的方差为＿＿＿＿＿＿＿，离散系数为＿＿＿＿＿＿＿．

7．甲、乙、丙三台机床生产直径为 60 mm 的螺丝，为了检验产品质量，从三台机床生产的螺丝中各抽查了 20 个来测量其直径．进行数据处理后，发现这三组数据的算术平均数都是 60 mm，方差依次为 $s_甲^2 = 0.136$，$s_乙^2 = 0.057$，$s_丙^2 = 0.159$．根据以上信息，你认为所生产螺丝的质量最好的是＿＿＿＿＿＿＿机床．

8．某养鸡场为比较甲、乙两种鸡的产蛋量，各选出 10 只鸡，连续 10 天统计这 20 只鸡的产蛋量，如表 18-6 所示．若需要选出一种鸡作为产蛋鸡来饲养，则应选择哪一种？

表 18-6

日期	6.12	6.13	6.14	6.15	6.16	6.17	6.18	6.19	6.20	6.21
甲产蛋量/个	9	9	7	9	8	9	9	10	9	7
乙产蛋量/个	9	8	10	8	9	8	9	8	8	9

B 组

1．若一组数据 $x_1, x_2, \cdots, x_8$ 的方差是 a，则 $6x_1+3, 6x_2+3, \cdots, 6x_8+3$ 的方差是（　　）．

A．$6a+3$　　　　B．$6a$　　　　C．$36a$　　　　D．$36a+3$

2．某地区测量了 10 名成年人和 10 名幼儿的身高（单位：cm）进行抽样调查，结果如表 18-7 所示．

表 18-7

成年人身高/cm	166	169	172	177	180	170	172	174	168	173
幼儿身高/cm	68	69	68	70	71	73	72	73	74	75

（1）要比较成年人和幼儿的身高差异，你会采用什么指标来度量？为什么？

（2）比较分析：哪一组的身高差异更大？

3．为了了解甲、乙两个工厂所生产的轮胎的宽度是否达标，质检员从两个工厂随机选取了 10 个轮胎，测得轮胎的宽度（单位：mm）如下．

甲：195，194，196，193，197，197，196，193，194，195；

乙：195，194，195，195，195，196，193，193，192，192．

（1）分别计算甲、乙两个工厂所提供的 10 个轮胎宽度的算术平均数、极差和方差；

（2）若轮胎的宽度在 [194，196] 范围内，则称这个轮胎是标准轮胎．根据甲、乙两个工厂标准轮胎宽度的平均水平和波动情况，判断哪个工厂生产的轮胎相对更好．

点亮智慧

水稻是稻属谷类作物，水稻所结子为稻谷，稻谷脱去颖壳后为糙米，碾去糙米的米糠层即可得到大米．世界上近一半人口以大米为主食．水稻除可食用外，还可以酿酒、制糖，稻壳和稻秆可以作为牲畜饲料．中国水稻的种植面积约为 3 000 万公顷，居世界第二，中国是世界上水稻产量最高的国家，总产量高达 2 亿吨．中国关于水稻做出了卓越的贡献：袁隆平院士被誉为"杂交水稻之父"，发明了"三系法"籼型杂交水稻，成功研究出"两系法"杂交水稻，创建了超级杂交水稻技术体系；万建民院士长期从事水稻优异基因挖掘和分子育种研究，创制出优质抗虫新品系水稻；农民胡代书培育出越年再生稻等．

水稻品种筛选的目的是选择适合当地栽培的高产、优质的水稻品种．为进行水稻品种筛选，某农场种植了甲、乙两种不同品种的水稻，在连续 6 年中各年的平均亩产量如表 18-8 所示．哪种水稻在 6 年中的产量比较稳定？

表 18-8

时间	第1年	第2年	第3年	第4年	第5年	第6年
甲水稻产量/kg	450	460	450	425	455	460
乙水稻产量/kg	445	480	475	425	430	445

18.2 一元线性回归

知识要点回顾

1. 当一个变量取某个值时，另一个变量的取值与它_____，且带有一定的_____，则称这两个变量之间的关系为_____.

2. 以_____为坐标画出的用来反映两个变量相关关系的图形称为散点图.

3. 一般地，若两个变量具有相关关系，其散点图中的点大致分布在一条_____附近，就称这两个变量之间具有线性相关关系，对具有线性相关关系的两个变量进行统计、分析的方法称为_____. 对于具有线性相关关系的两个变量 x 和 y，其散点图可以唯一地确定一条直线. 这条直线称为_____，其方程为 $\hat{y} = $_____，该方程称为 y 对 x 的回归直线方程，其中，$\hat{b} = $_____，$\hat{a} = $_____.

例题强化解析

例 3 某地区随机抽取 10 名 17 岁男生，测得身高 x（单位：cm）和体重 y（单位：kg）的数据如表 18-9 所示，求回归直线方程.

表 18-9

x/cm	165	161	167	163	167	173	163	169	171	167
y/kg	46	44	47	45	50	50	47	52	55	55

解： $\bar{x} = \dfrac{165+161+167+163+167+173+163+169+171+167}{10} = 166.6$，

$\bar{y} = \dfrac{46+44+47+45+50+50+47+52+55+55}{10} = 49.1$.

$\hat{b} = \dfrac{\sum\limits_{i=1}^{10} x_i y_i - 10\bar{x}\,\bar{y}}{\sum\limits_{i=1}^{10} x_i^2 - 10\bar{x}^2} = \dfrac{81\,897 - 10\times 166.6\times 49.1}{277\,682 - 10\times 166.6^2} \approx 0.762\,7$，

$\hat{a} = \bar{y} - \hat{b}\bar{x} = 49.1 - 0.762\,7\times 166.6 = -77.958\,9$.

因此，所求回归直线方程为 $\hat{y} = -77.958\,9 + 0.762\,7x$.

【名师点睛】 本题主要考查回归直线方程的计算方法.

变式体验 3 经过调查，某商品的销售价格 x（单位：元）与供货量 y（单位：kg）之间的关系如表 18-10 所示. 请求出销售价格与供货量之间的回归直线方程.

表 18-10

x/元	11	11.5	12	12.5	13	13.5	14	14.5	15	15.5	16
y/kg	20	22	24.5	28	31	35	39	44.5	49.5	55.5	60

重点实战演练

A 组

1. 下列生活实例中，不具备相关关系的是（　　）.

   A．环境污染程度与汽车使用量

   B．学生的座位号与数学成绩

   C．相对湿度与降雨量

   D．心跳次数与运动量

2. 若两个变量 x，y 满足线性相关关系，且 y 对 x 的回归直线方程为 $\hat{y}=2-1.5x$，则变量 x 增加一个单位时（　　）.

   A．y 平均增加 1.5 个单位

   B．y 平均增加 2 个单位

   C．y 平均减少 1.5 个单位

   D．y 平均减少 2 个单位

3. 一位母亲记录了她儿子 3 岁到 9 岁的身高，并建立了身高（单位：cm）与年龄的回归直线方程 $\hat{y}=73.93+7.19x$．若用这个方程预测她儿子 10 岁时的身高，则下面叙述正确的是（　　）.

   A．她儿子 10 岁时的身高一定是 145.83 cm

   B．她儿子 10 岁时的身高一定在 145.83 cm 以上

   C．她儿子 10 岁时的身高一定在 145.83 cm 左右

   D．她儿子 10 岁时的身高一定在 145.83 cm 以下

4. 表 18-11 所示为某小卖部一周卖出热茶的杯数与气温的对比表．若卖出热茶的杯数 y（单位：杯）与气温 x（单位：℃）近似地满足线性相关关系，则其关系式最接近的是（　　）.

表 18-11

x/℃	18	13	10	4	−1
y/杯	24	34	39	50	63

A．$\hat{y}=6+x$　　　　　　　　　　B．$\hat{y}=42-x$

C．$\hat{y}=60-2x$　　　　　　　　　D．$\hat{y}=78-3x$

5. 蟋蟀鸣叫的频率 x（单位：次/min）与气温 y（单位：℃）存在着较强的线性相关关系，某地观测人员根据如表 18-12 所示的观测数据，建立了 y 关于 x 的回归直线方程 $\hat{y}=k+0.25x$，下列说法错误的是（　　）.

表 18-12

$x/$（次·$\min^{-1}$）	20	30	40	50	60
$y/$℃	25	27.5	29	32.5	36

A．k 的值是 20

B．变量 x，y 呈正相关关系

C．若 x 的值增加 1，则 y 的值约增加 0.25

D．当蟋蟀以 52 次/min 的频率鸣叫时，该地气温预报值为 33.5℃

6. 已知 y 对 x 的回归直线方程为 $\hat{y}=2.5+4x$，当 $x=10$ 时，y 的估值为_____；当 $x=15$ 时，y 的估值为_____.

7. 已知 y 对 x 的回归直线方程为 $\hat{y}=45+1.5x$，若 $x\in\{1,7,5,13,19\}$，则 $\bar{y}=$_____.

8. 经过分析，发现某机器购置后的运营年限 x（$x=1,2,3,\cdots$）与当年的利润 y 之间呈线性相关关系，且回归直线方程为 $\hat{y}=10.47-1.3x$，那么该机器使用多少年最划算？

B 组

1. 某地区 10 名健康儿童血液和头发中的硒含量（单位：$\mu g\cdot mL^{-1}$）如表 18-13 所示.

表 18-13

血液中的硒含量/($\mu g\cdot mL^{-1}$)	74	66	88	69	91	73	66	96	58	73
头发中的硒含量/($\mu g\cdot mL^{-1}$)	13	10	13	11	16	9	7	14	5	10

（1）求回归直线方程；

（2）若某健康儿童血液中的硒含量为 94 μg·mL^{-1}，预测其头发中的硒含量．

2．某地区一组幼儿的身高 y（单位：cm）与年龄 x（单位：岁）的调查数据如表 18-14 所示．

表 18-14

x/岁	0.3	1.2	1.7	1.9	2.2	2.6	3.1	3.2	3.8	4.0
y/cm	63	71	76	79	83	87	91	93	97	100

（1）求回归直线方程；

（2）若某幼儿的身高为 120 cm，估算他的年龄．

点亮智慧

新疆位于我国西北边陲，是我国五个少数民族自治区之一，拥有辽阔的地域，适宜的气候，以及复杂多样的地貌．新疆太阳光照强烈，能提高瓜果植株进行光合作用的效率，且昼夜温差大，瓜果营养物质消耗少，有利于瓜果糖分的累积，所以产出的瓜果品种繁多，质地优良．

当地某果园连续 8 年统计某种瓜果的含糖量 y（单位：%）与当年年平均昼夜温差 x（单位：℃），数据如表 18-15 所示，请求出其回归直线方程．

表 18-15

x/℃	17.2	15.8	15.1	16.4	14.3	14	15.1	16
y/%	16.9	15.3	14.8	16	13.9	13.6	14.7	15.7

本章能力闯关

A 组

一、选择题

1. 以下说法正确的是（   ）．
   A．方差反映一组数据的波动大小，方差的值一定是正数
   B．已知一组数据的方差 $s^2 = \dfrac{1}{4}(x_1^2 + x_2^2 + x_3^2 + x_4^2 + x_5^2 - 20)$，那么这组数据的平均值为 2
   C．数据 1，2，2，3，3，4 的众数是 2
   D．一组数据 $x_1, x_2, \cdots, x_n$，都减去 a 值的算术平均数为 m，方差为 n，则这组数据的算术平均数为 $a+m$，方差为 n

2. 某次比赛分预赛、决赛两次比赛进行，有 21 名学生参加预赛，且成绩各不相同，要取前 11 名参加决赛．小明已经知道了自己的预赛成绩，他想知道自己是否进入了决赛，只需要知道 21 名学生预赛成绩的（   ）．
   A．平均值   B．极差   C．众数   D．中位数

3. 若一组数据 -1，0，2，4，x 的极差是 7，则 x 的值为（   ）．
   A．-3 B．-3 或 6   C．7   D．6

4. 某商场对上周女装销售情况进行了统计，销售情况如表 18-16 所示．

表 18-16

颜色	黄色	绿色	白色	红色	蓝色
数量/件	100	180	220	150	550

对表中数据分析后，商场经理决定本周进女装时多进一些蓝色的，可以用来解释这一现象的统计知识是（   ）．
   A．平均值   B．极差   C．众数   D．中位数

5. 某天 10 个商店销售同一品牌的电脑数量分别为 16，14，15，12，17，14，17，10，15，17，设这组数据的平均数为 a，中位数为 b，众数为 c，则有（   ）．
   A．$a>b>c$ B．$b>c>a$ C．$c>a>b$ D．$c>b>a$

6. 下列属于线性相关的是（   ）．
   A．圆的周长与半径之间的关系
   B．价格不变的情况下，商品销售额与销售量之间的关系
   C．家庭收入愈多，其消费支出愈多
   D．正方形的面积与边长之间的关系

7. 根据统计，某地区某天的降雨量 y（单位：mm）与当天的空气湿度 x 的回归直线方程是 $\hat{y} = -3.1 + 20x$．若某天的降雨量为 10.9 mm，估计当天的空气湿度为（   ）．
   A．70%   B．70% 以上   C．70% 以下   D．以上都不对

二、填空题

1. 某中学开展"好书伴我成长"的读书活动，为了解 5 月份八年级 300 名学生的读书情况，随机调查了 50 名八年级学生 5 月份所读图书的册数，统计数据如表 18-17 所示．

表 18-17

册数/册	0	1	2	3	4
人数/人	3	13	16	17	1

这组数据的平均数、众数和中位数分别为_____，_____，_____，根据表中数据，估计该校八年级学生 5 月份所读图书多于 2 册的人数为_____．

2. 已知一组数据 501，502，503，504，505，506，507，508，509，这组数据的算术平均数 $\bar{x}=$ _____，方差 $s^2=$ _____．

3. 从某高中随机抽取 8 名男生，其身高 x（单位：cm）和体重 y（单位：kg）的回归直线方程为 $\hat{y}=-85.712+0.849x$．若这 8 名男生的平均身高为 167 cm，则他们的平均体重约为_____．

三、解答题

1. 某地区统计了 12 家企业的利润额，并按利润额进行分组，结果如表 18-18 所示．

表 18-18

利润额/万元	200	300	400	500	600
企业数/个	2	3	4	2	1

请计算这 12 家企业利润额的算术平均值、中位数、众数、标准差和离散系数．

2. 某公司有 25 名员工，员工的月收入情况如表 18-19 所示．

表 18-19

月收入/元	45 000	18 000	10 000	5 500	4 800	3 400	3 000	2 200
人数/人	1	1	1	3	6	1	11	1

（1）求该公司员工收入的算术平均数、众数和中位数；

（2）你认为算术平均数、众数和中位数中哪一个来反映该公司全体员工的收入水平较为合适？

3. 某工厂 1～8 月份的产量 x（单位：t）与成本 y（单位：万元）的统计数据如表 18-20 所示．

表 18-20

月份	1	2	3	4	5	6	7	8
产量/t	5.6	6.0	6.1	6.4	7.0	7.5	8.0	8.2
成本/万元	130	136	143	149	157	172	183	188

（1）画出散点图；

（2）判断 y 与 x 是否具有线性相关关系，若有，请求回归直线方程．

B 组

一、选择题

1. 某中学举行的演讲比赛中，初一年级 5 名参赛选手的成绩如表 18-21 所示，平均成绩为 91 分，这 5 名参赛选手成绩的方差为（ ）．

表 18-21

参赛选手	1 号	2 号	3 号	4 号	5 号
成绩/分	90	95	m	89	88

A．2　　　　　　B．6.8　　　　　　C．8.5　　　　　　D．93

2. 某科普小组有 5 名成员，身高（单位：cm）分别为 160，165，170，163，167．增加一名身高为 165 cm 的成员后，比较现在科普小组成员身高与原来科普小组成员身高，下列说法正确的是（ ）．

A．平均数不变，方差不变　　　　　　B．平均数不变，方差变大
C．平均数不变，方差变小　　　　　　D．平均数变小，方差不变

3. 为研究脚长 x（单位：cm）与身高 y（单位：cm）的关系，某班随机选取 10 名学生测量相关数据．分析数据后发现 y 与 x 之间有线性相关关系，设其回归直线方程为 $\hat{y}=\hat{a}+\hat{b}x$，已知 $\sum\limits_{i=1}^{10}x_i=220$，$\sum\limits_{i=1}^{10}y_i=1610$，$\hat{b}=4$．若某学生脚长为 24 cm，则其身高约为（　　）cm．

A．165　　　　B．169　　　　C．173　　　　D．178

二、填空题

1．经过统计发现，昼夜温差与因感冒就诊人数相关．某社区医院的张医生记录了四月份 4 个周一的昼夜温差与因感冒就诊人数，如表 18-22 所示．

表 18-22

昼夜温差/℃	11	13	12	8
因感冒就诊人数/个	25	29	26	16

若某天昼夜温差为 15℃，则该天因感冒就诊人数约为_____人．

2．若一组数据 2，3，4，5，x 的方差与另一组数据 5，6，7，8，9 的方差相等，则 $x=$_____．

三、解答题

1．某旅游景区为探究车流量与接待能力的相关性，确保服务质量和游客安全，以便确定是否对进入景区的车辆限行，采集了过去一周某时段的车流量与接待能力指数的数据，如表 18-23 所示．

表 18-23

时间	周一	周二	周三	周四	周五	周六	周日
车流量 x/辆	10 000	9 000	9 500	10 500	11 000	8 000	8 500
接待能力指数 y	78	76	77	79	80	73	75

（1）根据表中周一到周五的数据，求 y 关于 x 的回归直线方程；

（2）若由回归直线方程得到的估算数据与选出的检验数据误差不超过 2，则认为该回归直线方程是可靠的．请根据周六、周日的数据，检验（1）得到的回归直线方程是否可靠．

2．某工厂对三个车间第一季度的生产情况分析如下：第一车间实际产量为 190 件，完成生产计划 95%；第二车间实际产量为 250 件，完成生产计划 100%；第三车间实际产量为 609 件，完成生产计划 105%．三个车间产品产量的平均完成度为 $\dfrac{95\%+100\%+105\%}{3}=100\%$．此外，第一车间产品成本为 18 元/件，第二车间产品成本为 12 元/件，第三车间产品成本为 15 元/件，三个车间产品的平均成本为 $\dfrac{18+12+15}{3}=15$（元/件）．请问以上平均指标的计算是否正确？若不正确，请说明理由并给出正确的计算方法．

参 考 答 案

第 14 章　立体几何

14.1　平　面

14.1.1　平面的概念和表示

知识要点回顾

1. 平面的一部分，平行四边形，三角形，圆，平，无限延展.
2. α，β，γ，顶点字母.

变式体验

1. $A \in l$，且 $l \subseteq \alpha$.　　2. ③.

重点实战演练

A 组

1. D.　　2. A.　　3. D.　　4. D.
5. $A \in m$，且 $A \notin \alpha$.

B 组

（1）$A \in \alpha$，$a \notin \beta$，$B \in \alpha$，$B \in \beta$. 相应图形如图 1 所示.

（2）$A \in m$，$A \in \alpha$，且 $m \nsubseteq \alpha$. 相应图形如图 2 所示.

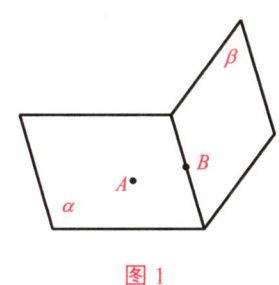

图 1

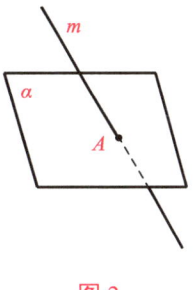

图 2

14.1.2　平面的性质

知识要点回顾

1. 不在同一条直线上.　　2. 两，该直线外一点，相交，平行.　　3. 公共点.

变式体验

3. D.　　4. D.　　5. B.　　6. $A \in \beta$.

重点实战演练

A 组

1. C.　　2. D.　　3. D.　　4. A.　　5. C.　　6. 4.

7.（1）满足条件的图形如图 3 所示；　　（2）满足条件的图形如图 4 所示.

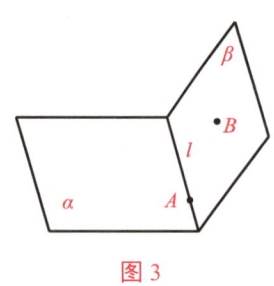

图 3

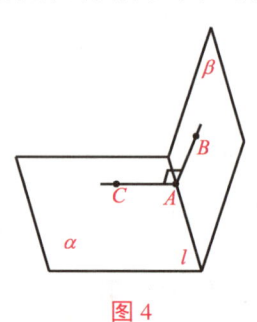

图 4

B 组

1. B.　　2. D.　　3. B.　　4. B.　　5. 1 或 3.

点亮智慧

C.

14.2　直线与直线的位置关系

14.2.1　空间中直线与直线的位置关系

知识要点回顾

1. 平行或相交.　　2. 平行直线的传递性.　　3. 有且只有一个，$a \cap b = P$.

4. 任何一个平面内.　　5. 外，内，不经过.

变式体验

7. B.　　8. AD，BC，PC，PD.

重点实战演练

A 组

1. A.　　2. D.　　3. D.　　4. C.

5. AA_1 与 BB_1，AA_1 与 CC_1.（答案不唯一）

6. AA_1 与 BC，AA_1 与 CD.（答案不唯一）

B 组

1. C.　　2. D.　　3. B.　　4. D.

5. 相交或异面.

6. 因为 A，B，C 不共线，$PC \cap \alpha = C$，所以 P 为平面 α 外一点. 又因为直线 AB 与 PC 不相交，所以直线 AB 与 PC 是异面直线.

7. 因为直线 EF 与 PC 无公共点且不共面，所以直线 EF 与 PC 是异面直线.

14.2.2 异面直线所成的角

知识要点回顾

1. 平行，$\left[0, \dfrac{\pi}{2}\right]$.   2. $\dfrac{\pi}{2}$，$a \perp b$.

3. 同时垂直且相交，有且只有一条.   4. 夹在两条异面直线之间，两条异面直线的距离.

变式体验

9. 45°.   10. 5 cm.

重点实战演练

A 组

1. D.   2. D.   3. C.   4. 60°.   5. 4.

6. AB 与 B_1C_1，AB 与 A_1D_1.（答案不唯一）

7.（1）两直线为异面直线，两直线所成角的正弦值为 $\dfrac{\sqrt{5}}{5}$，直线间距离为 5 cm；

（2）两直线为异面直线，两直线所成角的正弦值为 $\dfrac{5\sqrt{61}}{61}$，直线间距离为 3 cm；

（3）两直线为平行直线，两直线所成角的正弦值为 0，直线间距离为 3 cm.

B 组

1. B.   2. 60°.   3. 60°.   4. 0.6.

点亮智慧

激光束发射路径与目标回波路径所在直线相交或异面.

14.3 直线与平面的位置关系

14.3.1 空间中直线与平面的位置关系

知识要点回顾

1. $a \subseteq \alpha$.   2. $b \mathbin{/\mkern-2mu/} \alpha$.   3. $c \cap \alpha = B$.

4. 平面外.   5. 交线.

6. 任何一条直线，垂线，垂面，垂足，$l \perp \alpha$.

7. 两条相交直线.   8. 垂直.   9. 平行.

变式体验

11. 连接 MO. 因为 M 为 PB 中点，O 是平行四边形 $ABCD$ 对角线的交点，所以 $MO \mathbin{/\mkern-2mu/} PD$. 又因为 $MO \subseteq$ 平面 MAC，所以 $PD \mathbin{/\mkern-2mu/}$ 平面 MAC.

12. D.

重点实战演练

A 组

1. B.   2. D.   3. A.   4. C.   5. 90°.

6. 因为 $PA \perp$ 正方形 $ABCD$，所以 $PA \perp BD$. 因为在正方形 $ABCD$ 中 $AC \perp BD$，所以 $BD \perp$ 平面

PAC．又因为 $PC \subseteq$ 平面 PAC，所以 $BD \perp PC$．

7．取 PD 的中点 E，连接 AE，EN．因为 EN 为 $\triangle PCD$ 的中位线，$EN \parallel CD \parallel AB \parallel AM$，$EN = \frac{1}{2}CD = \frac{1}{2}AB = AM$，所以四边形 $AENM$ 为平行四边形，于是 $MN \parallel AE$．又因为 $AE \subseteq$ 平面 PAD，所以 $MN \parallel$ 平面 PAD．

B 组

1．A．   2．D．   3．D．

4．（1）由题意可知，$PO \perp$ 平面 ABC．若 PA，PB，PC 与平面 ABC 所成角相等，则 $\angle PAO = \angle PBO = \angle PCO$．因为 $\angle POA = \angle POB = POC = 90°$，$PO$ 为公共边，所以 $\triangle PAO \cong \triangle PBO \cong \triangle PCO$，于是 $OA = OB = OC$，由三角形外心的定义知，O 为 $\triangle ABC$ 的外心．

（2）提示：分别作为 PE，PF，PM 垂直于 $\triangle ABC$ 的三边，因为 $PO \perp$ 平面 ABC，且 P 到 $\triangle ABC$ 三边的距离相等，所以 $\triangle PEO \cong \triangle PFO \cong \triangle PMO$．

14.3.2 直线与平面所成的角

知识要点回顾

1．斜线，斜足．   2．斜线在这个平面上的射影．

3．射影．   4．0，$\frac{\pi}{2}$，$\left[0, \frac{\pi}{2}\right]$．

变式体验

13．$60°$．

重点实战演练

A 组

1．A．   2．C．   3．$90°$．

B 组

1．C．   2．A．

点亮智慧

$\frac{\sqrt{182}}{14}$．

14.4 平面与平面的位置关系

14.4.1 空间中平面与平面的位置关系

知识要点回顾

1．公共点，$\alpha \parallel \beta$．

2．一条公共直线，$\alpha \cap \beta = l$．

变式体验

14．直线与平面平行或直线在平面内．

重点实战演练

A 组

1．B． 2．D． 3．A．

B 组

1．C． 2．C．

14.4.2 二面角及其平面角

知识要点回顾

1．半平面，二面角，二面角的棱，二面角的面． 2．垂直于．

3．重合，直角，构成一个面，$[0,\pi]$．

变式体验

15．45°．

重点实战演练

A 组

1．A．

2．（1）如图 5 所示，取 BC 的中点 E，连接 AE，DE，则 $\angle AED$ 即为二面角 $A-BC-D$ 的平面角．

（2）如图 6 所示，过点 E 向 AB 引垂线，取垂足为点 F，过点 F 作 AD 的平行线，与 CD 交于点 M，连接 EF，MF，则 $\angle EFM$ 即为二面角 $D-AB-E$ 的平面角．

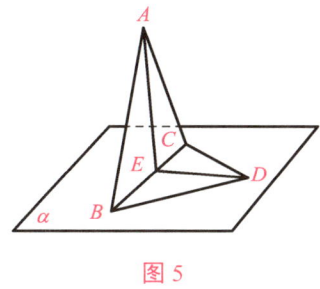

图 5

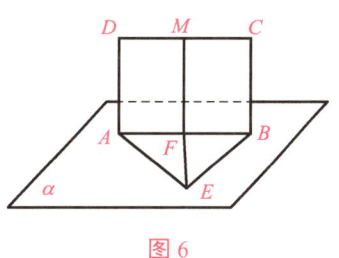

图 6

3．60°或 120°．

B 组

1．60°． 2．90°． 3．120°．

14.4.3 两平面平行的判定与性质定理

知识要点回顾

1．都平行于另一个平面，两条相交直线，平行于另一个平面．

2．互相平行．

变式体验

16．提示：连接 ED，B_1F，构成平行四边形 BED_1F．

重点实战演练

A 组

1．C． 2．C． 3．B． 4．D

B 组

1. D.   2. D.

3. 提示：如图 7 所示，设两个平行平面分别为 α，β，$A\in\alpha$，$C\in\alpha$，$B\in\beta$，$D\in\beta$，AB，CD 为夹在 α 与 β 间的平行线段．连接 AC，BD，构成平行四边形 $ABCD$．

4. 如图 8 所示，在平面 α 内 a 上任取一点 A．因为直线 a，b 异面，所以 $A\notin b$．点 A 与直线 b 可确定平面 γ，且 $\gamma\cap\alpha=c$．又因为 $b\parallel\alpha$，$c\subseteq\alpha$，所以 $b\parallel c$．同理，在 b 上任取一点 B，点 B 与直线 a 可确定平面 δ，且 $\delta\cap\beta=d$，$a\parallel d$．因此，$\alpha\parallel\beta$．

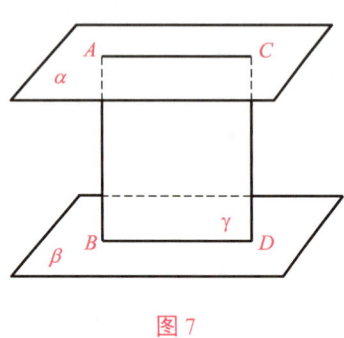
图 7

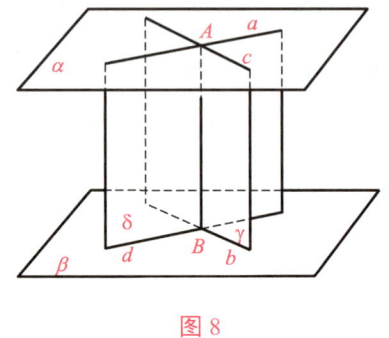
图 8

14.4.4 两平面垂直的判定与性质定理

知识要点回顾

1. $\dfrac{\pi}{2}$，$\alpha\perp\beta$．   2. 垂线．   3. 垂直于交线．

变式体验

17. 因为 $PD\perp$ 正方形 $ABCD$，所以 $PD\perp BC$．因为正方形 $ABCD$ 中 $BC\perp CD$，所以 $BC\perp$ 平面 PDC．又因为 $BC\subseteq$ 平面 PBC，所以平面 $PBC\perp$ 平面 PDC．

重点实战演练

A 组

1. A.   2. B.   3. D.

4. 因为 $MA\perp$ 平面 ABC，$NC\perp$ 平面 ABC，且 $MA=NC$，所以 $MA\perp AC$，$NC\perp AC$，四边形 $AMNC$ 为矩形，$MN\perp AM$．因为 $AB\perp AC$，所以 $MN\perp AB$，于是 $MN\perp$ 平面 ABM．又因为 $MN\subseteq$ 平面 BMN，所以平面 $BMN\perp$ 平面 ABM．

B 组

1. D.

2.（1）因为 $AD\perp$ 平面 ABC，所以 $AD\perp BC$．又因为 $\angle ABC=90°$，所以 $AB\perp BC$．于是 $BC\perp$ 平面 DAB．又因为 $BC\subseteq$ 平面 DBC，所以平面 $DBC\perp$ 平面 DAB．

（2）由题（1）可得 $BC\perp AN$．因为在 $\mathrm{Rt}\triangle DAB$ 中，$AD=AB$，N 为 BD 的中点，所以 $AN\perp BD$．于是 $AN\perp$ 平面 BCD，$AN\perp CD$．又因为 $AM\perp CD$，所以 $CD\perp$ 平面 AMN，$CD\perp MN$．

3. 提示：如图 9 所示，连接 AO，OM，AM．

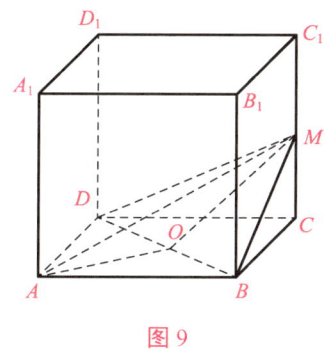

图9

点亮智慧

在正四棱锥 $P-ABCD$ 中，取 AC，BD 的交点 O，连接 PO，AC，BD．因为 $PO\perp$ 平面 $ABCD$，所以 $PO\perp BD$．因为在正方形 $ABCD$ 中 $BD\perp AC$，所以 $BD\perp$ 平面 MAC．又因为 $BD\subseteq$ 平面 NBD，所以平面 $MAC\perp$ 平面 NBD．

本章能力闯关

A 组

一、选择题

1．B． 2．A． 3．C． 4．C． 5．D． 6．B． 7．D．

二、填空题

1．$60°$． 2．$\dfrac{\sqrt{6}}{2}a$．

三、解答题

1．因为 E，F，G，H 分别为 PA，AB，BC，PC 的中点，所以 EF，FG，GH，EH 分别为 $\triangle PAB$，$\triangle ABC$，$\triangle PBC$，$\triangle PAC$ 的中位线．根据三角形中位线定理可知，$EF\parallel GH\parallel PB$，$FG\parallel EH\parallel AC$，$FG=EH=\dfrac{1}{2}AC$．又因为 $PB=AC$，所以 $EF=FG=GH=EH=\dfrac{1}{2}PB=\dfrac{1}{2}AC$．于是四边形 $EFGH$ 四边相等，四边形 $EFGH$ 为菱形，所以 $EG\perp FH$．

2．（1）$\dfrac{\sqrt{2}}{4}$； （2）$45°$．

B 组

一、选择题

1．D． 2．B． 3．C．

二、填空题

1．$90°$． 2．$3\sqrt{29}$．

三、解答题

1．（1）$2\sqrt{6}$．　　　　（2）3．

2．（1）连接 OE．因为 O 为正方形 ABCD 对角线的交点，所以 O 是 AC 的中点．因为 E 是 PC 的中点，所以 OE // PA．又因为 OE $\subseteq$ 平面 BDE，所以 PA // 平面 BDE．

（2）$\dfrac{\sqrt{6}}{18}a^3$．

第 15 章　复　数

15.1　复数的概念和几何意义

15.1.1　复数的概念

知识要点回顾

1．虚数单位，实部，虚部，实数，虚数，纯虚数．

2．复数集，$\mathbf{C} = \{z \mid z = a+b\mathrm{i}, a,b \in \mathbf{R}\}$．

3．实部与虚部分别相等，$a = b = 0$．

4．相反数，$\overline{z}$，$\overline{z} = a - b\mathrm{i}$．

变式体验

1．（1）5；　　（2）$m \neq 5$；　　（3）-3．

2．$\dfrac{1}{4}$．

重点实战演练

A 组

1．D．　2．C．　3．B．　4．$-2+2\mathrm{i}$．　5．$a=1$，$b=\dfrac{1}{2}$．

6．（1）$11-6\mathrm{i}$；　（2）$-3+8\mathrm{i}$；　（3）$5\mathrm{i}$；　（4）100．

B 组

1．0．　2．-1．　3．-1 或 -2．

15.1.2　复数的几何意义

知识要点回顾

1．平面直角坐标系所在的平面，实轴，虚轴，1，i．

2．$z = a+b\mathrm{i}$，复数 $z = a+b\mathrm{i}$ 的模，$|z|$ 或 $|a+b\mathrm{i}|$，$|a+b\mathrm{i}| = \sqrt{a^2+b^2}$ $(a,b \in \mathbf{R})$．

3．非负数，点 $Z(a,b)$ 到原点．

变式体验

3．$a > \dfrac{4}{3}$．

重点实战演练

A 组

1．D． 2．C． 3．C． 4．A． 5．C． 6．C．

7．$\sqrt{2}$．

8．（1）2； （2）$\sqrt{2}$； （3）$3\sqrt{3}$； （4）5．

B 组

1．B． 2．D． 3．C． 4．$4 < m < 5$． 5．-4 或 3．

点亮智慧

1．

15.2　复数的运算

15.2.1　复数的加法和减法

知识要点回顾

1．交换律和结合律，$z_2 + z_1$，$z_1 + (z_2 + z_3)$．

2．向量．

变式体验

4．（1）$8i$； （2）$9 - 2i$．

重点实战演练

A 组

1．A． 2．D． 3．C． 4．D．

5．（1）$z_1 + z_2 = 6 + 4i$，$z_1 - z_2 = -2 + 2i$；

　　（2）$z_1 + z_2 = 5 - 3i$，$z_1 - z_2 = 1 - i$．

6．设 $z_1 = a + bi\,(a, b \in \mathbf{R})$，$z_2 = c + di\,(c, d \in \mathbf{R})$，于是有 $\overline{z_1 + z_2} = (a+c) - (b+d)i$，$\overline{z_1} + \overline{z_2} = (a+c) - (b+d)i$，因此 $\overline{z_1 + z_2} = \overline{z_1} + \overline{z_2}$．

B 组

1．$2 - 3i$．

2．$6 + 2i$．

3．（1）$z_1 = 4 - i$，$z_2 = -3 + 2i$； （2）$a = 4$，$b = 2$．

15.2.2　复数的乘法

知识要点回顾

1．两个多项式，-1，实部和虚部，复数．

2．交换律，结合律，分配律，$z_2 z_1$，$z_1(z_2 z_3)$，$z_1 z_2 + z_1 z_3$．

3．复数 z（或 $\bar{z}$）的模的平方，$|z|^2=|\bar{z}|^2$．

变式体验

5．$\dfrac{z_1}{z_2}=\dfrac{8}{5}+\dfrac{1}{5}\mathrm{i}$，$\dfrac{z_1}{z_3}=-\dfrac{5}{13}-\dfrac{12}{13}\mathrm{i}$．

重点实战演练

A 组

1．C．   2．A．   3．A．   4．A．

5．（1）$-48+14\mathrm{i}$；   （2）$-52+13\mathrm{i}$；   （3）$\dfrac{34}{73}-\dfrac{31}{73}\mathrm{i}$；   （4）$\dfrac{8}{5}\mathrm{i}$．

6．$4-2\mathrm{i}$．

7．设 $z=a+b\mathrm{i}(a,b\in\mathbf{R})$，于是有 $\bar{z}=a-b\mathrm{i}$，$z^2=a^2-b^2+2ab\mathrm{i}$．因为 $\overline{z^2}=a^2-b^2-2ab\mathrm{i}$，$(\bar{z})^2=a^2-b^2-2ab\mathrm{i}$，所以 $\overline{z^2}=(\bar{z})^2$．

B 组

1．（1）$1-\mathrm{i}$；   （2）-2．

2．（1）2；   （2）$-2<m<2$．

点亮智慧

（1）$\sqrt{2}+\sqrt{3}+(\sqrt{2}+1)\mathrm{j}$；（2）$1-\dfrac{3\sqrt{3}}{2}\left(\sqrt{3}-\dfrac{3}{2}\right)\mathrm{j}$．

15.3 实系数一元二次方程的解法

知识要点回顾

（1）$-\dfrac{b}{2a}+\dfrac{\sqrt{b^2-4ac}}{2a}$，$-\dfrac{b}{2a}-\dfrac{\sqrt{b^2-4ac}}{2a}$；

（2）$-\dfrac{b}{2a}$；

（3）$-\dfrac{b}{2a}+\dfrac{\sqrt{4ac-b^2}}{2a}\mathrm{i}$，$-\dfrac{b}{2a}-\dfrac{\sqrt{4ac-b^2}}{2a}\mathrm{i}$，$-\dfrac{b}{a}$，$\dfrac{c}{a}$．

变式体验

6．$p=8$，$q=26$．

重点实战演练

A 组

1．C．   2．B．   3．B．   4．A   5．A．   6．$1-2\mathrm{i}$．   7．-12，20．

B 组

1．C．   2．$\sqrt{41}$．   3．$(x+2\sqrt{2}\mathrm{i})(x-2\sqrt{2}\mathrm{i})$．   4．$-4+3\mathrm{i}$．   5．$\pm\sqrt{11}$．

点亮智慧

（1）甲组学生路程为 $100(\sqrt{2}+\sqrt{13})$ m，乙组学生路程为 $100(\sqrt{2}+\sqrt{13})$ m；

(2) $10\,000\sqrt{25}$ m^2.

本章能力闯关

A 组

一、选择题

1．C． 2．A． 3．D． 4．B． 5．D． 6．C． 7．B．

二、填空题

1．$5-i$． 2．-1． 3．$-\dfrac{3}{10}+\dfrac{2}{5}i$． 4．$2+4i$．

三、解答题

1．(1) $10+28i$； (2) $\dfrac{1}{2}-\dfrac{1}{2}i$； (3) -1； (4) $-2i$．

2．(1) $3+4i$； (2) $-7+24i$； (3) $\dfrac{3}{5}+\dfrac{4}{5}i$； (4) $\dfrac{3}{5}-\dfrac{4}{5}i$．

B 组

一、选择题

1．D． 2．D．

二、填空题

1．$1+i$． 2．2． 3．3． 4．2．

三、解答题

1．(1) $x=1\pm\dfrac{\sqrt{6}}{2}i$； (2) $x=2\pm 3i$． 2．(1) 29； (2) -1 或 3．

第 16 章 排列组合

16.1 计数原理

16.1.1 分类计数原理

知识要点回顾

$k_1+k_2+\cdots+k_n$，分类计数原理，加法原理．

变式体验

1．11．

重点实战演练

A　组

1．C．　　2．D．　　3．C．　　4．C．　　5．5．

B　组

6．（提示：不同买法可分为三类．第一类是买 1 盒水彩笔，第二类是买 2 盒水彩笔，第三类是买 3 盒水彩笔）

16.1.2　分步计数原理

知识要点回顾

$k_1k_2\cdots k_n$，分步计数原理，乘法原理．

变式体验

2．12．

重点实战演练

A　组

1．C．　　2．D．　　3．D．　　4．C．　　5．D．　　6．C．

B　组

1．A．　　2．C．　　3．D．

16.1.3　计数原理的应用

知识要点回顾

1．相互独立，单独完成，分类，求和．　2．连续性，依次都完成，分步，相乘．

变式体验

3．B．

重点实战演练

A　组

1．D．　　2．B．　　3．A．　　4．B．　　5．A．　　6．C．

7．14．

8．（1）81；　（2）64．

B　组

1．B．　　2．B．　　3．A．　　4．37．　　5．42．

点亮智慧

18．（提示：可分为所拨上珠在千位档或百位档、所拨上珠在个位档或十位档两种情况）

16.2 排列与组合

16.2.1 排列与排列数

知识要点回顾

1．元素，一定的顺序，排列，选排列，全排列．   2．元素，顺序．

3．排列数，$n(n-1)(n-2)\cdots(n-m+1)$，$\dfrac{n!}{(n-m)!}$．   4．$n(n-1)(n-2)\cdots 3\times 2\times 1$，1．

变式体验

4．D．   5．A．

重点实战演练

A 组

1．B．   2．C．   3．D．   4．A．   5．A．   6．B．

7．（1）15；   （2）1．

8．（1）46 656；   （2）288；   （3）216；   （4）325．

B 组

1．B．   2．B．   3．D．

4．（1）48；   （2）72；   （3）12；   （4）12；
    （5）120；   （6）12．

16.2.2 组合与组合数

知识要点回顾

1．顺序．

2．组合数，$\dfrac{A_n^m}{A_m^m}=\dfrac{n(n-1)(n-2)\cdots(n-m+1)}{m!}$，1，1，$\dfrac{n!}{m!(n-m)!}$．

3．C_n^{n-m}，$C_n^m + C_n^{m-1}$．

变式体验

6．D．

重点实战演练

A 组

1．C．   2．C．   3．A．   4．C．   5．D．   6．A．

7．（1）240；   （2）1；   （3）285；   （4）1．

B 组

1．31．

2．（1）45；   （2）210；   （3）285．

3．（1）19 600；   （2）2 256；   （3）2 304．

16.2.3 排列组合的应用

知识要点回顾

1．从 n 个不同元素中任取 $m(m \leqslant n)$ 个元素，顺序，顺序.

2．选择，排序.

变式体验

7．72.

重点实战演练

A 组

1．C.   2．C.   3．B.   4．A.   5．D.   6．C.

7．（1）120； （2）240（提示：$C_{16}^2 A_2^2$）．

B 组

1．A.

2．（1）3 060； （2）14 656.

3．36

点亮智慧

420.

16.3 二项式定理

16.3.1 二项式定理的推导

知识要点回顾

$C_n^0 a^n + C_n^1 a^{n-1}b + \cdots + C_n^m a^{n-m}b^m + \cdots + C_n^n b^n$，二项展开式，二项式系数，二项展开式的通项，$C_n^m a^{n-m} b^m$．

变式体验

8．-160．

重点实战演练

A 组

1．C.   2．D.   3．C.   4．B.   5．C.

6．$-672x^3$，84，-672．   7．1 120.

8．$a^6 + 12a^5b + 60a^4b^2 + 160a^3b^3 + 240a^2b^4 + 192ab^5 + 64b^6$．   9．7.

B 组

1．C.   2．A.

3．（1）9； （2）$126x^3$．

16.3.2 二项式系数的性质

知识要点回顾

1．"等距离"．   2．正中间一项，中间两项．   3．2^n．

变式体验

9. -2.   10. $-8\,064x^5y^5$,252.

重点实战演练

A 组

1．B．   2．A．   3．D．   4．C．   5．A．   6．A．   7．2003.

8．-672.

B 组

1．（1）256；   （2）-255.

2．当 $n=0$ 时，$3^{3n}-26n-1$ 为 0，可被 676 整除；当 $n=1$ 时，$3^{3n}-26n-1$ 为 0，可被 676 整除；当 $n \geqslant 2$ 时，$3^{3n}-26n-1=(1+26)^n-26n-1=C_n^2 \times 26^2 + C_n^3 \times 26^3 + \cdots + C_n^n \times 26^n = 676(C_n^2 \times 26^0 + C_n^3 \times 26^1 + \cdots + C_n^n \times 26^{n-2})$，可被 676 整除．综上所述，对任意非负整数 n，$3^{3n}-26n-1$ 可被 676 整除．

点亮智慧

$a^5+5a^4b+10a^3b^2+10a^2b^3+5ab^4+b^5$.

本章能力闯关

A 组

一、选择题

1．D．   2．B．   3．C．   4．B．   5．A．   6．C．

二、填空题

1．-2 2．40．   3．990 000．   4．9．

三、解答题

1．（1）19 958 400；   （2）362 880．

2．当 $n=7$ 时，该二项展开式中二项式系数最大的项是 T_4 和 T_5，$T_4=\dfrac{35}{2}x^3$，$T_5=70x^4$；当 $n=14$ 时，该二项展开式中二项式系数最大的项是 T_8，$T_8=3\,432x^7$．

B 组

一、选择题

1．D．   2．C．   3．C．

二、填空题

1．56．   2．60．

三、解答题

1．（1）5 400；（2）840；（3）3 360．

2．249 900．（提示：利用排列数的性质计算，$C_3^3 + C_4^3 + C_5^3 + \cdots + C_{50}^3 = C_4^4 + C_4^3 + C_5^3 + \cdots + C_{50}^3 = C_5^4 + C_5^3 + \cdots + C_{50}^3 = C_{51}^4$）

第 17 章　随机变量及其分布

17.1　离散型随机变量及其分布

17.1.1　离散型随机变量

知识要点回顾

1．试验结果的不同，随机变量，小写希腊字母 $\xi, \eta, \cdots$，大写字母 $X, Y, \cdots$．

2．随机，对应于，概率．

3．可以一一列出．

4．不能一一列出，连续地充满某个区间．

变式体验

1．2，3，4，5，6，7，8，9，10，11，12．

重点实战演练

A 组

1．A．　　2．B．

3．①是随机变量，是离散型随机变量；②是随机变量，不是离散型随机变量；③是随机变量，是离散型随机变量；④是随机变量，是离散型随机变量．

4．（1）3 个球的编号可能为 1，2，3；1，2，4；1，2，5；1，3，4；1，3，5；1，4，5；2，3，4；2，3，5；2，4，5；3，4，5；

（2）6，7，8，9，10，11，12．

B 组

1．B．

2．（1）是随机变量；

（2）记测试成绩优秀为"1"，否则为"0"，可定义随机变量为

$$\xi = \begin{cases} 0, & \xi > 4, \\ 1, & 0 < \xi \leqslant 4. \end{cases}$$

17.1.2　离散型随机变量的分布列及其数字特征

知识要点回顾

1．全体，分布列．　　2．$\geqslant$，1．　　3．数字特征．

4. $E(\xi) = x_1 p_1 + x_2 p_2 + \cdots + x_n p_n$, $D(\xi) = [x_1 - E(\xi)]^2 p_1 + [x_2 - E(\xi)]^2 p_2 + \cdots + [x_n - E(\xi)]^2 p_n$,平均取值水平,波动情况.

变式体验

2. 0.1.

3. ξ 的分布列如表 1 所示,$E(\xi) = \dfrac{9}{8}$,$D(\xi) = \dfrac{225}{448}$.

表 1

ξ	0	1	2	3
P	$\dfrac{5}{28}$	$\dfrac{15}{28}$	$\dfrac{15}{56}$	$\dfrac{1}{56}$

重点实战演练

A 组

1. B. 　　2. D. 　　3. D. 　　4. C. 　　5. D.

6. ξ 的分布列如表 2 所示,$E(\xi) = \dfrac{3}{10}$.

表 2

ξ	0	1	2	3
P	$\dfrac{3}{4}$	$\dfrac{9}{44}$	$\dfrac{9}{220}$	$\dfrac{1}{220}$

B 组

1. A.

2. (1) ξ 的分布列如表 3 所示; (2) $E(\xi) = 4.5$,$D(\xi) = 0.45$.

表 3

ξ	3	4	5
P	0.1	0.3	0.6

3. (1) $\dfrac{1}{2}$; (2) ξ 的分布列如表 4 所示,$E(\xi) = \dfrac{7}{4}$.

表 4

ξ	0	1	2	3
P	$\dfrac{1}{16}$	$\dfrac{5}{16}$	$\dfrac{7}{16}$	$\dfrac{3}{16}$

点亮智慧

ξ 的分布列如表 5 所示，$E(\xi)=5$.

表 5

ξ	3	4	5	6
P	$\dfrac{1}{27}$	$\dfrac{2}{9}$	$\dfrac{4}{9}$	$\dfrac{8}{27}$

17.2 二项分布

17.2.1 n 次独立重复试验

知识要点回顾

相同，两种可能的结果，不依赖于.

变式体验

4．D.

重点实战演练

A 组

1．1． 　2．A． 　3．C.

4．②是 n 次独立重复试验，①③不是 n 次独立重复试验.

B 组

1．B． 　2．略.

17.2.2 二项分布及其分布律

知识要点回顾

$C_n^k p^k (1-p)^{n-k}$，n 和 p，$\xi \sim B(n,p)$，$E(\xi)=np$，$D(\xi)=np(1-p)$，$[(1-p)+p]^n$.

变式体验

5．C.

重点实战演练

A 组

1．C． 　2．A． 　3．B． 　4．D． 　5．B． 　6．A.

7．0.000 3．

8．$\dfrac{1}{2}$.

9．随机变量 Y 的分布列如表 6 所示.

表6

Y	−1	0	3
P	$\dfrac{54}{125}$	$\dfrac{63}{125}$	$\dfrac{8}{125}$

B 组

1. $\dfrac{1}{3}$，$\dfrac{1}{9}$．

2. 0.896．（提示：提出正确意见的人数 ξ 服从二项分布 $B(3, 0.8)$，该机构做出正确决策的概率为 $P(\xi \geqslant 2)$）

3. 甲得分 ξ_1 的分布列如表 7 所示，乙得分 ξ_2 的分布列如表 8 所示．

表7

ξ_1	0	1	2	3	4
P	$\dfrac{16}{625}$	$\dfrac{96}{625}$	$\dfrac{216}{625}$	$\dfrac{216}{625}$	$\dfrac{81}{625}$

表8

ξ_2	0	1	2	3	4
P	$\dfrac{1}{16}$	$\dfrac{1}{4}$	$\dfrac{3}{8}$	$\dfrac{1}{4}$	$\dfrac{1}{16}$

点亮智慧

0.41．

17.3 正态分布

17.3.1 正态分布与正态曲线

知识要点回顾

1. 规律，$y = f(x)$，概率密度函数，面积．

2. $\dfrac{1}{\sqrt{2\pi}\sigma} e^{-\dfrac{(x-\mu)^2}{2\sigma^2}}$，$\xi \sim N(\mu, \sigma^2)$，正态曲线，正态随机变量．

3. （1）上方，$x = \mu$；

（2）$x = \mu$，"中间高、两头低"；

（3）"矮胖"，分散，"高瘦"，集中．

4. $\dfrac{1}{\sqrt{2\pi}} e^{-\frac{1}{2}x^2}$，$\xi \sim N(0,1)$，标准正态曲线.

5. $\Phi\left(\dfrac{x-\mu}{\sigma}\right)$，$1-\Phi\left(\dfrac{x-\mu}{\sigma}\right)$，$\Phi\left(\dfrac{b-\mu}{\sigma}\right)-\Phi\left(\dfrac{a-\mu}{\sigma}\right)$.

变式体验

6. 0.841 3.

重点实战演练

A 组

1．D． 2．C． 3．D． 4．A． 5．B．

6．$\sigma_1 < \sigma_2 < \sigma_3$． 7．2．

8．（1）0.477 2； （2）0.022 8； （3）0.022 8； （4）0.954 4．

B 组

1．（1）0.995 3； （2）0.420 7； （3）0.010 7； （4）0.882 3．

2．31.25．（提示：由 $P(120 < \xi < 200) = 2\Phi\left(\dfrac{40}{\sigma}\right) - 1 \geqslant 0.8$，得 $\dfrac{40}{\sigma} \geqslant 1.28$）

3．（1）0.841 3； （2）0.421 5．

4．考试成绩在 88 分以上的为 A 等，在 73～88 分的为 B 等，在 58～73 分的为 C 等，在 58 分以下的为 D 等．（提示：设考试成绩在 c 分以下为 D 等，即 $P(\xi < c) = \Phi\left(\dfrac{c-73}{12}\right) = 0.1$，于是 $1 - \Phi\left(\dfrac{73-c}{12}\right) = 0.1$，解得 $c \approx 58$）

17.3.2 正态分布的应用

知识要点回顾

$(\mu - 3\sigma, \mu + 3\sigma)$，不可能发生的，$(\mu - 3\sigma, \mu + 3\sigma)$，$3\sigma$ 原则．

变式体验

7. 0.320 4.

重点实战演练

A 组

1．D． 2．C． 3．0.158 7． 4．6 826，9 544． 5．24.24．

6．（1）0.308 5，0.682 6； （2）129.8．

B 组

1．尺寸为 27.23 mm，27.68 mm 的零件是在非正常状态下生产的．

2．0.525 5．

3．（1）0.08； （2）Y 的分布列如表 9 所示，$E(Y) = \dfrac{12}{5}$．

表9

Y	0	1	2	3
P	$\dfrac{1}{125}$	$\dfrac{12}{125}$	$\dfrac{48}{125}$	$\dfrac{64}{125}$

点亮智慧

B．

本章能力闯关

A 组

一、选择题

1．B． 2．B． 3．C． 4．D． 5．A． 6．D．

二、填空题

1．$\dfrac{4}{3}$，$\dfrac{62}{9}$． 2．$\dfrac{15}{4}$，$\dfrac{45}{16}$． 3．0.234 7． 4．$\dfrac{3}{64}$．

三、解答题

1．（1）0.654 4； （2）0.091 9； （3）0.080 8．

2．0.201．

3．ξ 的分布列如表10所示，$E(\xi)=1.6$，$D(\xi)=2.44$．

表10

ξ	3	1	−1
P	0.5	0.3	0.2

B 组

一、选择题

1．C． 2．A． 3．D．

二、填空题

1．$\dfrac{8}{27}$． 2．0.008 4．

三、解答题

1．（1）$\dfrac{26}{27}$；（2）ξ 的分布列如表 11 所示，$E(\xi)=\dfrac{42}{27}$．

表 11

ξ	0	1	2	3
P	$\dfrac{5}{27}$	$\dfrac{10}{27}$	$\dfrac{4}{27}$	$\dfrac{8}{27}$

2．若出发时离上班时间还有 7 min，应选第二条路；若出发时离上班时间还有 6.5 min，应选第一条路．（提示：$P(0<X\leqslant 7)=\varPhi\left(\dfrac{7-5}{1}\right)-\varPhi\left(\dfrac{0-5}{1}\right)\approx \varPhi(2)=0.977\,2$）

第 18 章　统　计

18.1　集中趋势与离散程度

18.1.1　集中趋势

知识要点回顾

1．某一中心值靠拢．

2．$\dfrac{x_1+x_2+\cdots+x_n}{n}$．

3．$\dfrac{x_1f_1+x_2f_2+\cdots+x_kf_k+\cdots+x_nf_n}{f_1+f_2+\cdots+f_k+\cdots+f_n}$，权重．

4．从小到大，$x_{\frac{n+1}{2}}$，$\dfrac{x_{\frac{n}{2}}+x_{\frac{n}{2}+1}}{2}$．

5．出现次数最多．

变式体验

1．（1）15，14.8，15；（2）85%．

重点实战演练

A 组

1．A．　　2．D．　　3．C．　　4．B．　　5．B．

6．2.375．

7．（1）3.2，2.1；　　（2）中位数．

8．（1）5.0，5.0；　　（2）5.0 kg，3 000 kg．

B 组

1. C.

2. （1）50，80，70；

   （2）乙将被录用（提示：甲、乙、丙三项测试的平均成绩分别为 72.67 分、76.67 分、76 分）；

   （3）丙将被录用（提示：甲、乙、丙三项测试的平均成绩分别为 72.9 分、77 分、77.4 分）．

3. （1）调整前的平均收费为 $\frac{1}{5} \times (10+10+15+20+25) = 16$（元），调整后的平均收费为 $\frac{1}{5} \times (5+5+15+25+30) = 16$（元），调价前后各景点的游客人数基本不变，因此风景区的平均日总收入持平．

   （2）调整前风景区的平均日总收入为 $10 \times 1\,000 + 10 \times 1\,000 + 15 \times 2\,000 + 20 \times 3\,000 + 25 \times 2\,000 = 1.6 \times 10^5$（元），调整后风景区的平均日总收入为 $5 \times 1\,000 + 5 \times 1\,000 + 15 \times 2\,000 + 25 \times 3\,000 + 30 \times 2\,000 = 1.75 \times 10^5$（元）．因此风景区的平均日总收入增加了 $\frac{(1.75 \times 10^5 - 1.6 \times 10^5)}{1.6 \times 10^5} \times 100\% \approx 9.4\%$．

   （3）游客的说法较能反映整体实际．

18.1.2 离散程度

知识要点回顾

1. 远离其中心值，分布规律．

2. 之差，全距，$x_{\max} - x_{\min}$，小，集中，大，发散．

3. $\frac{1}{n-1}[(x_1 - \overline{x})^2 + (x_2 - \overline{x})^2 + \cdots + (x_n - \overline{x})^2]$，$\sqrt{\frac{1}{n-1}[(x_1 - \overline{x})^2 + (x_2 - \overline{x})^2 + \cdots + (x_n - \overline{x})^2]}$，越大，越小．

4. 标准差，算术平均数，$\frac{s}{\overline{x}}$，每单位算术平均数，大，小，显著，不明显．

变式体验

2. 31，104.9，10.24．

重点实战演练

A 组

1. D.   2. B.   3. D.   4. D.   5. B.

6. 4，5.3%.   7. 乙.   8. $\overline{x}_甲 = \overline{x}_乙 = 8.6$，$s_甲^2 > s_乙^2$，因此选乙．

B 组

1. C.

2. （1）应采用离散系数．因为成年人和幼儿的身高处于不同的水平，所以采用标准差不合适．离散系数消除了不同组数据水平高低的影响，因此采用离散系数较为合理．

   （2）$V_{s_{成年人}} = 2.44\%$，$V_{s_{幼儿}} = 3.50\%$，因此幼儿的身高差异更大．

3. （1）甲：$R_1 = 2$，$\overline{x}_1 = 195$，$s_1^2 = \frac{2}{3}$；乙：$R_2 = 3$，$\overline{x}_2 = 194$，$s_2^2 = \frac{1}{3}$．

   （2）乙厂生产的轮胎相对更好．

141

点亮智慧

甲水稻产量比较稳定．

18.2 一元线性回归

知识要点回顾

1．有关，随机性，不确定性相关关系．

2．两个变量的取值．

3．直线，一元线性回归分析，回归直线，$\hat{a}+\hat{b}x$，$\dfrac{\sum\limits_{i=1}^{n}x_iy_i-n\overline{x}\,\overline{y}}{\sum\limits_{i=1}^{n}x_i^2-n\overline{x}^2}$，$\overline{y}-\hat{b}\overline{x}$．

变式体验

3．$\hat{y}=-73.272\,7+8.181\,8x$．

重点实战演练

          A　组

1．B． 2．C． 3．C． 4．C． 5．D．

6．42.5，62.5． 7．58.5． 8．8年．

          B　组

1．（1）$\hat{y}=-6.979\,3+0.235\,8x$； （2）15.185 9 μg/mL．

2．（1）$\hat{y}=59.746\,8+10.105\,5x$； （2）6岁．

点亮智慧

$\hat{y}=-0.667\,7+1.018\,9x$．

本章能力闯关

          A　组

一、选择题

1．D． 2．D． 3．B． 4．C． 5．D． 6．C． 7．A．

二、填空题

1．2，3，2，108． 2．505，7.5． 3．56.071 kg．

三、解答题

1．375，400，400，121.543 1，0.324 1．

2．（1）6 276，3 000，3 400； （2）众数或中位数．

3．（1）散点图如图 10 所示； （2）y 与 x 具有线性相关关系，$\hat{y} = 5.3944 + 22.1687x$．

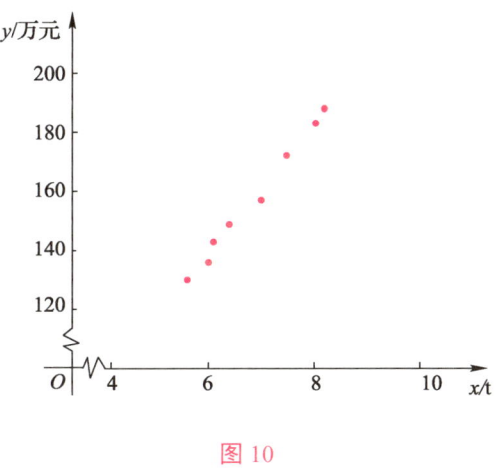

图 10

B 组

一、选择题

1．C． 2．C． 3．B．

二、填空题

1．34． 2．1 或 6．

三、解答题

1．（1）$\hat{y} = 58 + 2 \times 10^{-3} x$； （2）可靠．

2．两种计算均不正确．各车间计划产量、产品成本均不同，所以不能直接相加求均值．三个车间产品产量的平均完成度为 $\dfrac{190 + 250 + 609}{\dfrac{190}{0.95} + \dfrac{250}{1} + \dfrac{609}{1.05}} = 101.84\%$，三个车间产品的平均成本为 $\dfrac{18 \times 190 + 12 \times 250 + 15 \times 609}{190 + 250 + 609} = 14.83$（元/件）．

参 考 文 献

[1] 高等教育出版社教材发展研究所组编．数学：拓展模块一．上册[M]．北京：高等教育出版社，2022．

[2] 高等教育出版社教材发展研究所组编．数学：拓展模块一．下册[M]．北京：高等教育出版社，2022．

[3] 檀富娥，李清世．中职数学拓展模块学案[M]．上海：上海交通大学出版社，2021．

[4] 高等教育出版社教材发展研究所组编．数学学习指导与练习：拓展模块一．上册[M]．北京：高等教育出版社，2022．

[5] 高等教育出版社教材发展研究所组编．数学学习指导与练习：拓展模块一．下册[M]．北京：高等教育出版社，2022．